主　　编：张昌山
副 主 编：段　勇　韩红萍
执行主编：王丽君

老云大旧照片的故事

Yunnan University in Old Photos

张昌山　主编

云南大学出版社
YUNNAN UNIVERSITY PRESS

图书在版编目（CIP）数据

老云大·旧照片的故事 / 张昌山主编. 一昆明：云南大学出版社，2018
ISBN 978-7-5482-2512-6

Ⅰ. ①老… Ⅱ. ①张… Ⅲ. ①云南大学—史料 Ⅳ. ①G649.287.41

中国版本图书馆CIP数据核字（2015）第309191号

策划编辑：赵红梅
责任编辑：石　可
装帧设计：刘　雨　周　旸

老云大
旧照片的故事

Yunnan University in Old Photos

张昌山　主编

出版发行：云南大学出版社
印　　装：云南金伦云印实业股份有限公司
开　　本：787mm×1092mm　1/16
印　　张：29.5
字　　数：374千
版　　次：2018年6月第1版
印　　次：2018年6月第1次印刷
书　　号：ISBN 978-7-5482-2512-6
定　　价：180.00元

社　　址：云南省昆明市一二一大街182号（云南大学东陆校区英华园内）
邮　　编：650091
电　　话：（0871）65033244　65031071
网　　址：http://www. ynup. com
E-mail：market@ynup. com

本书若有印装质量问题，请与印厂联系调换。（联系电话：0871-64637875）

序

张昌山

云南大学是西南边疆建立较早的综合性大学。1922年始建，初为私立，1934年改为省立，1938年成为国立云南大学。1958年划归云南省管理。1978年被国务院列为全国88所重点大学之一。1996年成为国家“211工程”首批重点建设的高校。2004年进入省部共建高校之列。2017年入选国家首批42所“一流大学”建设名单。2018年被教育部列为部省合建高校，纳入教育部直属高校序列进行管理。建校九十六年来，云南大学由私立到公立，由省立到国立，由普通而重点，由边疆走向世界。大学的成长历程，充满艰辛与曲折，有着光荣与梦想。大学之路，也折射出国家之命运。国运昌盛，大学才有未来。

近百年来，云南大学始终坚守“自尊、致知、正义、力行”的校训，秉承“会泽百家 至公天下”的精神，植根西南边陲，传播知识星火，力攀学术高峰，栉沐风雨，历经沧桑，质同松柏，经霜弥茂。在云南大学建设发展的历程中，一代代云大师生，留下了许多动人的故事和精彩的瞬间。这些宝贵的记忆，或口耳相传，或见诸文字，或存为影像，或刻碑建廊，流布形式不一而足，但星星点点的往事，积小流而成江海，成为云大历史长河中最美的风景。我们要了解云大，就应该了解云大故事；要读懂云大，就应该到云大的往事里去寻找答案。

为此，学校离退休工作部门党委、离退休工作处专门向离退休同志请教，恳请他们从珍藏的相册中，精心挑选与云大有关的老照片，把其中定格的瞬间，还原成生动的故事，并将其编撰整理，结集为这本故事真实、语言朴素、内容丰赡的《老云大·旧照片的故事》。

由于离退休同志提供的优质照片和文稿数量众多，实难取舍，而内容甄选、人物事件考校亦殊为不易，编撰整理时已经年，六易其稿，终于成书。按故事内容和照片风格，划分为人物风华、往事历历、此情缱绻和旧景依稀四卷。

“人物风华”部分，我们可以感受“两弹一星”元勋彭桓武先生对云大的深情，能够体悟中国科学院院士、世界著名数学家陈省身对云大的殷殷期许，还可以了解清末经济特科状元袁嘉穀的东陆情缘。我们可以看到编码大师张其濬如何在艰苦的环境中首创“汉字字形三元三体代码法”，著名语言学家、史学家、民族学家方国瑜如何乐育英才、金针度人。同时，我们也可以了解到云大烈士龙文池和为云大种下银杏树、扮美东陆园的武文忠师傅等。此外，还有充满传奇色彩的法学家屈野、前来参加校庆的关肃霜先生等。可敬可亲的东陆人物、可圈可点的东陆故事，跃然纸上，栩栩如生，韵味深长。

“往事历历”部分，文艺理论家张文勋先生会邀请我们一起参加中国古代文论会，植物学教授朱维明先生将带领我们深入云南西双版纳热带雨林，体验艰苦却有趣的植物考察工作，在这里我们可以了解到民国末年云大晚翠园教授的生活实况，回顾中国古典文学研究专家叶嘉莹在云大讲课之余和中文系教授们的唱和趣事，分享我国第一台扫描电子显微镜在云大研制成功的喜悦，体会《云南史料丛刊》编撰的艰辛，还有外事交流、教材编写、体育比赛、文艺演出等等。让我们在灯下阅读，安静聆听，感受往昔。

“此情缱绻”部分，抒发的是对师恩的难忘、对同窗情谊的珍惜，对向泽馆的不舍、对悠扬钟声的怀念，对大师的仰慕以及对烈士的敬意。满怀深情的回忆，丰润了心灵，也丰盈了岁月。

“旧景依稀”部分，再现了昔日云大映秋院的样貌，曾被日军炸毁又重建的化学楼，当年远迁嵩明的理学院，还有重建之前的风节亭。岁月流转，沧海桑田。

一卷青简，一段岁月。书中的每一位作者，都怀有深情，笔触温暖，带我们沿着时光之树回溯往昔。在历史的枝叶间，开不尽一树深情，落不完一路记忆。我们对历史的认识有多深，看未来的发展也就有多远，我们唯有了解云大的过去，才能更好地建设今日之云大。如此，走上“双一流”建设的新征程，我们才能更加胸有成竹、信心百倍地去书写云大历史的新篇章。

最后需要特别提及的是，本书是云大离退休工作部门党委、离退休工作处探索文化养老模式的又一新成果。在编校排版过程中，得到了学校广大离退休老同志、老领导、老专家以及云南大学出版社的鼎力支持和帮助，在此谨致谢忱。由于能力和水平所限，本书的编写难免有不妥不当之处，恳请读者诸君批评指正。

是为序。

2018年5月于东陆园

创业东陆（赵力中　绘）

人／物／风／华

往 / 事 / 历 / 历

此 / 情 / 缱 / 绻

旧／景／依／稀

人物风华

云大校友、“两弹一星”元勋彭桓武

李作新

1989年夏天，从毛泽东的家乡湖南湘潭来了两位高级工程师，他们是专程来云南大学咨询有关“核辐射保鲜技术”的。两位客人怕学校“保守”不肯帮助他们，便随口而出道：“我们已经晓得，中国制造原子弹的老祖宗在云南，在昆明，在云南大学。”接待人（笔者）随即答道：“你们所说的，是我的老师彭桓武先生。”彭桓武的名字，是与中国核反应堆、原子弹、人造卫星、核潜艇和基础物理学连在一起的。他是全国13位“两弹元勋”之一，获得过“两弹一星”勋章，且被前中科院院长周光召（中）首先尊称为“中国氢弹之父”。2006年6月13日，经国际天文学联合会小天体命名委员会批准，将我国科学家发现的、国际永久编号为第48798号小行星正式命名为“彭桓武星”。彭桓武在核物理科学方面的影响和魅力由此可见一斑。

彭桓武（1915—2007），湖北麻城人。1937年“七七事变”后离开清华来滇，受聘进入云大理化系教授工学院和医学院的普通物理。在熊庆来的关心和支持下，1938年以优异成绩获得“中英庚款”资助赴英留学，他是受资助者中唯一一名理论物理专业的留学生，1940年获哲学博士学位。1941年至1943年寄寓爱尔兰都柏林高等研究院做研究学者，与W.海特勒（Heitler）合作，在研究核碰撞产生介子的过程中，得出了首次解释宇宙线能量分布和空间分布的能谱强度，名扬当时国际物理学界的、以

周光召（中）和宋任穷（右）到地下核试验现场彭桓武工作室看望彭桓武（左）。

哈密顿（Hamition）、海特勒（Heitler）、彭桓武（Peng）三人姓氏缩写为代号的，关于介子的HHP理论。因二战中交通受阻，彭桓武继续留在英国，1943年至1945年在爱丁堡大学做卡内基研究员，再获爱丁堡大学科学博士学位。1947年，获得两个博士学位，誉满英伦的彭桓武未曾流连于优厚的工薪待遇和优裕的工作条件，婉谢了九载同侪的英国友人至诚的挽留，毅然返国。他不忘十年前执教的云大，是云大使他得以出国深造，所以，刚回国他就首先投入云南大学的怀抱，任职物理系。翌年（1948年），彭桓武当选为英国爱尔兰科学院院士（但当选通知书在1970年中美建交之后才收到）。

1957年2月2日，时任中科院原子能研究所副所长的彭桓武回到他一贯热爱的云南大学，并与物理系的老师们座谈。他说：“科学院与学校进行的研究分工不同，在具体的范围上也有一些区别。科学院主要是抓几个重点，集中精力在纵的方面上发展，是一个科研的前哨。而学校，它的研究方向应该无所不包，并在此基础上发展其特点。”1987年4月，已年过七旬的彭桓武先生，仍然“心系云大、梦绕春城”，不顾长途劳顿，第三次回访云大，参加云大65周年校庆纪念活动，并作学术报告，更挥笔题写了“我爱云大”四个大字，以抒发他对云大的深情。

1995年，彭桓武荣获香港何梁何利科学与技术成就奖，奖金为港币100万元。这位功勋满载而淡泊名利的科学家，将所得奖金全部赠给了与他一起工作过的教学科研人员和已过世同仁的后代，以帮助他们解决生活上的困难。熊庆来的独生女儿熊秉慧也得到过一份资助。受云大领导诚邀，1999年9月，84岁高龄的彭老兴致勃勃，第四次回访云大。于13日与部分物理系教师座谈，与师生们欢聚，并欣然泼墨题词：“祝云南大学再创辉煌。”“祝非线性中心人才辈出，勇攀高峰。”他还捐款数万元设立“杨桂宫、顾建中奖学金”。2004年7月1日，“杨桂宫、顾建中奖学金”在云南大学科学馆首次颁发，云大数理、资环、信息和化材等学院的五名优秀学生获得此项殊荣。

陈省身与云南大学

杨光俊

1986年，学校要请一位德高望重的学者来颁发第二届熊庆来奖学金。首届是杨振宁博士，这次的规格也不能低。大家一致认为陈省身先生无疑是最佳人选，因为他是蜚声中外的数学大师。中美关系解冻后，自1972年首次回国访问，他几乎每年都回来，为封闭多年的国内数学界介绍当今世界数学发展的情况。他讲解的数学“新概念”每每引起轰动。为了推动中国数学的发展，陈先生可以说是不遗余力，先后在北京主办几次国际数学大会，邀请了大批国际上一流的数学家来华进行交流。一时国内的数学学术活动形成一个高潮。我虽然听过他的学术报告，参加了其所主办的会议，但没有近距离接触过。对这样一位曾被党和国家的历届领导人如邓小平、胡耀邦等多次接见的学术界的风云人物，能否请到呢？让人喜出望外的是他欣然同意了。后来才知道，陈先生和熊庆来老校长的关系非同一般。

1932年陈先生在南开大学毕业后，考取了清华大学的研究生，当时的系主任就是熊庆来。因此陈先生一直对熊先生执弟子礼。1934年陈先生留学德国和法国，取得博士学位后，又受聘回到清华大学任教。由于抗日战争的影响，清华迁到昆明与北京大学、南开大学联合成立了西南联大，因此先生辗转由欧洲经美国，于1938年到昆明。当时大批内地人员涌入昆明，西南联大刚成立，校舍紧张。而熊庆来先生此时已任云南大学校长，

雲南大學學報
第二類 第一號
昆明
國立雲南大學刊行
民國二十七年八月

JOURNAL
OF THE
UNIVERSITY OF YUNNAN

Series B Number 1

Published by
NATIONAL UNIVERSITY OF YUNNAN
Kunming
AUGUST, 1938

①

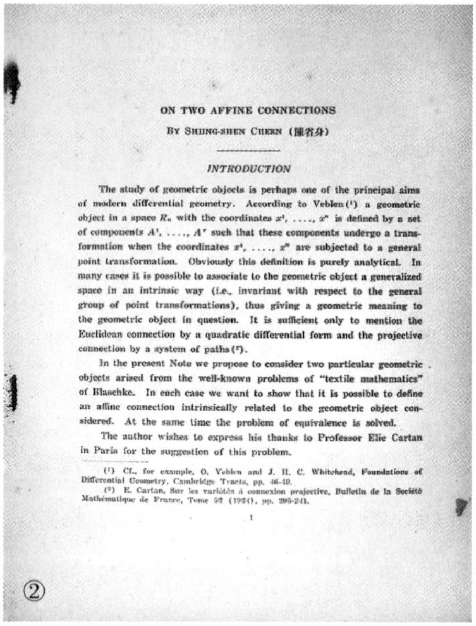
ON TWO AFFINE CONNECTIONS

BY SHIING-SHEN CHERN (陳省身)

INTRODUCTION

The study of geometric objects is perhaps one of the principal aims of modern differential geometry. According to Veblen(1) a geometric object in a space R_n with the coordinates $x^1, \ldots, x^n$ is defined by a set of components $A^1, \ldots, A^r$ such that these components undergo a transformation when the coordinates $x^1, \ldots, x^n$ are subjected to a general point transformation. Obviously this definition is purely analytical. In many cases it is possible to associate to the geometric object a generalized space in an intrinsic way (i.e., invariant with respect to the general group of point transformations), thus giving a geometric meaning to the geometric object in question. It is sufficient only to mention the Euclidean connection by a quadratic differential form and the projective connection by a system of paths(2).

In the present Note we propose to consider two particular geometric objects arised from the well-known problems of "textile mathematics" of Blaschke. In each case we want to show that it is possible to define an affine connection intrinsically related to the geometric object considered. At the same time the problem of equivalence is solved.

The author wishes to express his thanks to Professor Elie Cartan in Paris for the suggestion of this problem.

(1) Cf., for example, O. Veblen and J. H. C. Whitehead, Foundations of Differential Geometry, Cambridge Tracts, pp. 46-49.

(2) E. Cartan, Sur les variétés à connexion projective, Bulletin de la Société Mathématique de France, Tome 52 (1924), pp. 205-241.

1

②

③

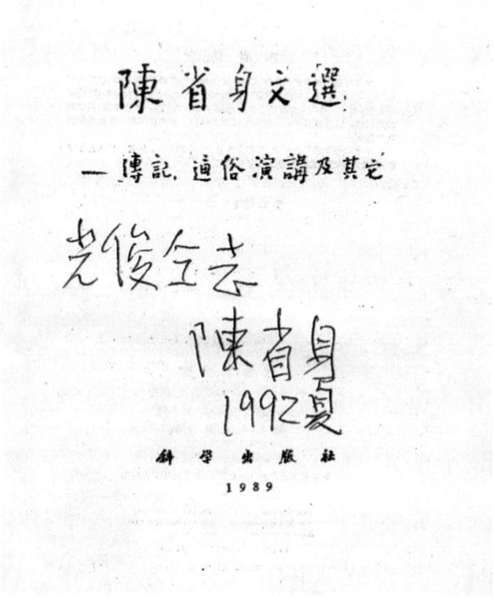
陳省身文選
—傳記、通俗演講及其它

光俊同志
陳省身
1992夏

科学出版社
1989

①②陈省身先生1938年在《云南大学学报》上发表的论文。

③陈省身先生送给作者的文集。

熊校长就让陈先生在自己的家里先住下，并聘请他到云大任教，讲授几何方面的课程。同年，陈先生就在《云南大学学报》上发表了《两类仿射联络》一文。其后熊校长还与陈先生、姜亮夫先生等七人在云大成立了“新中国数学会”，他们共同组成了理事会。1948年陈先生在上海中央研究院，目睹国民党统治区的混乱局势，就以到美国访问为由，想借机离开，但办理护照困难。又是熊校长出面，多方奔走帮助解决。对此陈先生心中十分感激。

1986年，陈先生到云南大学，除了颁奖外，还接受了云南大学“名誉教授”的聘书，给师生作了学术报告，并亲笔题词：“二十年后将云南建成数学大国的数学大省。”表示了他对云南和云南大学的厚望。

1991年陈先生在夫人郑士宁女士的陪同下再次来云大访问。他们二位结婚后一直感情甚笃。夫人六十岁生日时陈先生曾写诗道：“三十六年共欢愁”“养儿育女赖汝才”。此次来除学术活动外，先生的心愿是探访当年在昆明结婚时的新房。终于在钱局街找到，先生非常高兴。临走前还为中文系张维老师编写的《熊庆来传》题词。陈先生对昆明对云大都很留念，分别时还相约要第三次来访，但终因年事渐高、行动不便而未果。

云南大学是中国的一所老大学，在高校中有它的历史地位和影响。许多著名学者曾经在此任教或与之有某些渊源。杨振宁博士回国后，首次到云南就是访问云大；周培源副委员长到昆明也专门到云大作学术报告；著名的“两弹一星”功勋院士彭桓武，在校庆时深情地写下题词“我爱云大”；楚图南副委员长的贺诗是“月是故乡圆”。还有许多学者都曾通过不同途径表达想来云大访问的愿望，但在二十世纪八十年代，学校的学术交流活动很少。客观上有经费困难等原因，但主观上也存在保守、缺乏开放办学的理念，很多有极高成就的校友均没有被邀请回校讲学和指导学科建设。如今，当年六十岁上下的一代精英大多已经去世，我们错失了推动云南大学学科建设和发展的一个机会，实在是一件憾事！

陈省身先生（右一）为云大题词。右二为杨光俊，右三为当时的数学系主任卫念祖教授。

杨光俊（讲台左）邀请陈省身先生（一排立者）作学术报告。

云大首任校长董泽与建筑师张邦翰

科 枕

董泽（1888—1972），云南云龙人，曾留学美国。张邦翰（1885—1958），云南镇雄人，曾留学欧洲。虽各自异域深造，但二人早已相知。他们有一个共同目标："为国揽贤，富塑瀛洲。"记得东陆大学开办，张邦翰设计、监筑，董泽为之辅成的会泽院，既萃集着欧美经典艺术瑰景，

董泽（左三）与张邦翰（左二）、赵述完（左四）等人数次骑马至昆明碧鸡关、一平浪、禄丰县一带山林险要处勘察开修滇缅公路从昆明至禄丰段的情况。

又有中国“圆明园”奇观的影子。20世纪20年代，董泽在张邦翰的默契配合下，于昆明西山华亭寺、太华寺、筇竹寺后山等片区创建林场，播种育林。那葱郁茂密的松柏，无不凝聚着云南大学师生员工们的滴滴汗水。而今享誉世界的西山森林公园，已是生态平衡之典范，后世难忘。1923年，与东陆大学建立同步，董泽再度率张邦翰等到澄江抚仙、江川星云两湖之滨，为东陆大学兴办农场，招资盈利，充实大学的图书、仪器。且积极拟议，为增办农科和实习园地招基。当时，两湖周边农民随大学农场之兴起而备受庇荫，得益匪浅。董泽务实求真之精神，已是声名远播。

为脱去云南地处边疆、交通闭塞之外罩冗衣，促进内外物资周转，谐配滇垣蕴藏丰硕与天候绚美之景匹，董泽锦心绣腹，拟具了修筑直通省外的三条运输干道计划，亦在创建东陆大学的同时，于1923年开始修建滇缅公路（时董泽已兼任交通司司长职务）。初起，董泽邀张邦翰和赵述完（1896—1978，云南通海县人，东陆大学预科部主任兼无线电实验室主任）陪同，骑马入崇山峻岭、深沟险箐，勘探路基，历尽艰辛，完成了勘测任务。其一期工程，由昆明大西门经西站（起点）至碧鸡关，而后西向禄丰县延伸，全长80余千米。1925年10月，大西门至碧鸡关段通车；1927年，至禄丰段全程竣工。董泽亲莅碧鸡关主持通车典礼，并乘首车抵达禄丰车站以志祝贺。

曾祖父的"东陆情"

袁　东

状元袁嘉榖

教授袁嘉榖

我的曾祖父袁嘉榖是清末光绪年间（1903年）殿试经济特科状元，1923年东陆大学成立时被聘为教授，是中国历史上唯一一位既是状元又是教授的人。我周围的有些友人，他们希望我作为老人家的后人，作为一个云大人，能将老人家在东陆大学（云南大学）耕耘十多年的"东陆情"给大家作一个介绍，让大家知其人也知其事，进而多一些了解。文章于是便由此而成。

受聘东陆　为国求贤

1911年辛亥革命后，时任浙江布政使、提学使，有"小学台"之称的曾祖父毅然谢绝浙江士民父老的挽留，回到云南报效桑梓。他先后被推选为国会参议院议员、受聘国史馆编纂(专门编纂清史），云南省政府高级顾问，云南省图书馆副馆长、馆长等职。其实，老人家本想回滇后不再为官，只想静下心来考证和著述。尽管身不由己，难以推脱，但他仍按自己的意愿完成了《云南丛书》《滇绎》《卧雪堂诗集》《卧雪堂文集》等一批传世著作。在护国起义中，他摒弃前嫌，撰写了著名的《护国碑记》。作为清朝状元，他挺身反对帝制，在当时产生了很大的影响。东陆大学一成立，作为一代名儒、状元的他即被校长董雨苍（董泽）首聘为国学教授（参见东陆大学聘请袁嘉穀为教授的聘书），成为中国历史上唯一的“状元教授”，开始了他十五年的教授生涯，耕耘不止，直至逝世。

从前清状元投身“护国”、受聘大学教授、乐于奉献以及其他许多方面的事迹，足以看出他与时俱进，追求时代进步的可贵品质，这正是大家推崇他的原因之一。

东陆大学初办之时，学校投入需求过大，经费不足，曾祖父在得知这个情况后，便十分坚决地向董泽校长表示，为了支持学校，不收分文薪

东陆大学聘请袁嘉穀为教授的聘书。

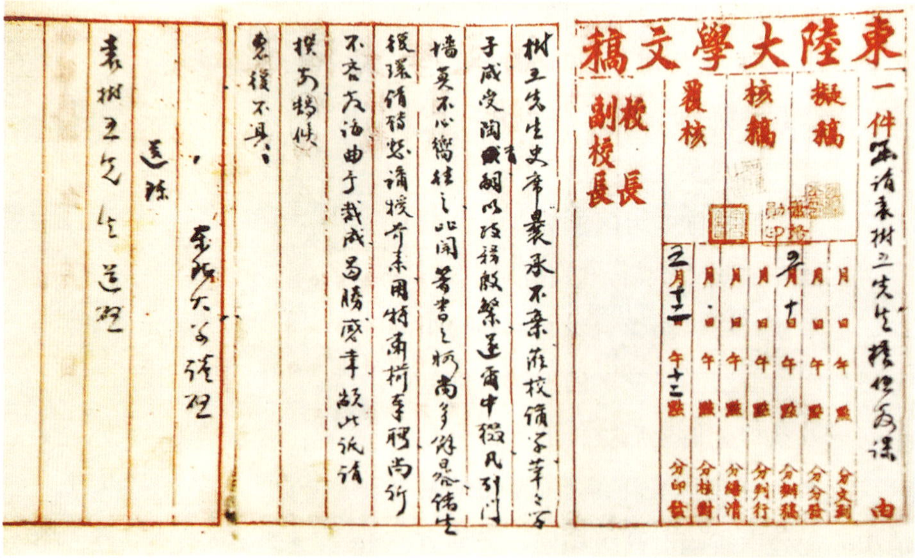
東陸大學文稿

擬稿 核稿 覆核 校長 副校長

金，看到董校长略表疑惑的眼神，他当即表态：虽然不领薪金，但一定会尽心尽职，精心地培养学生。其实，培养学生，知识救国的想法，在他当年获经济特科状元的殿试卷《周礼农工商诸政各有专官论》中就已经形成了，如“始也，无人不范之于学，无事不精之于学”等。 他在日本考察学政，担任云南留日学生监督，在学部编辑教科书，在浙江保护进步学生、以提学使的身份大办各类学校、以布政使的身份来保证教育经费等表现，正是体现了他的这种思想。董校长聘请他为东陆大学的教授，其实正合了他的心愿。这才有了他八年不领薪水，义务教书，还慷慨捐资千元给学校办学的令人钦佩的佳话。（直到1931年东陆大学成为省立公办大学后，学校经费有了改善，他才开始领取薪酬。）

曾祖父不领薪酬是为了支持办学，同时，为了巩固学校初办的地位、水平，他还广罗人才。比如，历史学家方国瑜先生回家乡丽江探亲路过昆明时，曾祖父得到消息，当即亲临拜访，并成功挽留其在东陆大学任教。

东陆大学教授一览表。

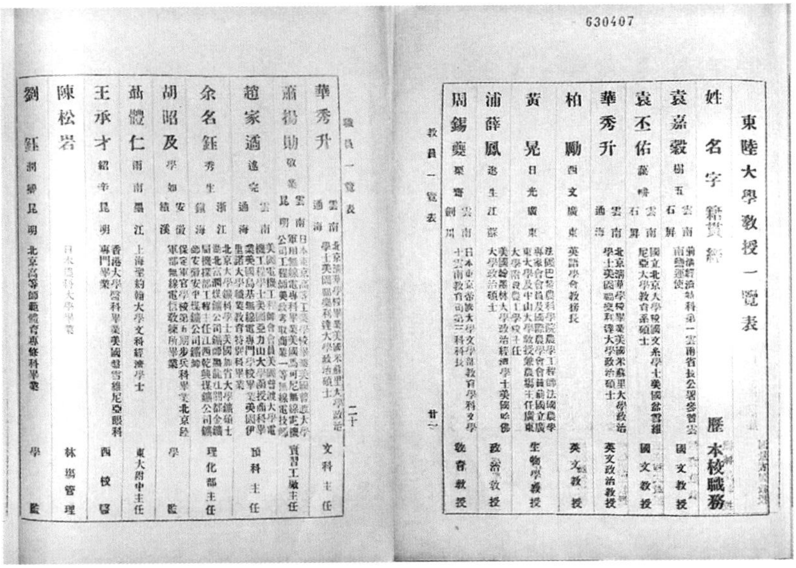

630407

東陸大學教授一覽表

姓名	字	籍貫	經歷	本校職務
袁嘉穀	樹五	雲南石屏	前清經濟特科第一雲南省長公署參贊雲南鹽運使	國文教授
袁丕佑	蔭嶧	雲南石屏	國立北京大學校國文系學士美國舒雪維尼亞大學教育系碩士	國文教授
華秀升		雲南通海	北京清華學校畢業美國米蘇里大學政治學士美國聖路易華盛頓大學政治碩士	英文政治教授
柏勵	西文	廣東	英語學會教務長	英文教授
黃晃	日光	廣東	法國巴黎農科學院農學工程師法國農學專家會會員及國際農學會會員廣東國立廣東大學及中山大學教授兼農場主任廣東大學附設農工學校主任	生物學教授
浦薛鳳	逖生	江蘇	美國翰墨林大學政治經濟學士美國哈佛大學政治碩士	政治教授
周錫夔	粟齋	雲南劍川	日本東京帝國大學文學部教育學科文學士雲南教育司第三科科長	教育教授

教員一覽表 廿一

職員一覽表 二十

姓名	字	籍貫	經歷	本校職務
華秀升		雲南通海	北京清華學校畢業美國米蘇里大學政治學士美國聖路易華盛頓大學政治碩士	文科主任
蕭揚勛	敬業	雲南昆明	日本東京高等工業學校畢業美國哈佛大學軍用無線電專科畢業美國馬可尼無線電機公司工程師美政府考取商業一等無線電技師	實習工廠主任
趙家適	逸完	雲南通海	美國電機工程師會會員美國哈佛大學電機工程學士美國亞力山大學函授科畢業美國島基無線電專門學校畢業美國伊里諾大學礦業教育特別科畢業	預科主任
余名鈺	秀生	浙江鎮海	北京大學礦科學士美國加省大學礦碩士歷北京宣武煤礦公司礦師熱河龍江都金礦局機採部工程師主任江西乾興煤礦公司礦師安徽中興煤礦公司礦師	理化部主任
胡昭及	學如	安徽績溪	保定軍官學校第五期步兵科畢業北京陸軍部無線電信教練所畢業	學監
苗體仁	雨南	墨江	上海聖約翰大學文科經濟學士	東大附中主任
王承才	紹宰	昆明	香港大學醫科畢業美國賓雪維尼亞眼科專門學業	西校醫
陳松岩			日本農科大學畢業	林場管理
劉鈺	潤縶	昆明	北京高等師範體育專修科畢業	學監

之后正当他准备聘请原来在任图书编译局局长时的僚属王国维也到东陆大学任教时，不想却传来他自杀身亡的消息，曾祖父对此十分惋惜。

这便是曾祖父在东陆大学初办之时就表现出来的“东陆情”。

精心耕耘　乐育英才

作为一名大学教授，他希望通过自己的辛勤授业和对学生的无私关爱为国家培养有用之才。在课堂上他以经学为主考据词章义理；因材施教，让学生自选科目，并对其精心指教，随时征询学生的看法、意见。他曾说：“吾所出的课题，即使十年、二十年交卷，亦可也。”他要求学生多思考，多花时间查找资料，从容地做，力争做到最好。他不以快速学成的方法为然，认为那是误人子弟。由于他老人家德高望重、博学多识，讲课深入浅出、妙语连珠，故很受学生欢迎。他讲学不用教科书，自成一格。他满腹经纶，上下古今，旁征博引，举一反三，一开口就滔滔不绝，常道出一些独到的见解和锋锐的议论，将学生引入高深奥妙的学术殿堂，听者如醍醐灌顶，茅塞顿开，如沐春风，获益匪浅。他对待学生不论何人，都谦逊以待，他经常与学生共同研讨问题，认真批改每一份作业，作业本上写满了评语。他喜欢教授学生诗赋，并将学生的佳作编辑成《东陆诗选》（三集）、《云南大学诗选》（一集），亲自作序。写得好的，他还用自己的钱购买名著作为奖励。《东陆诗选》三次再版，大受欢迎。

曾祖父每周授课三小时，颇受学生欢迎，工科、理科、外校学生、校外人士都纷纷赶来听讲，500多座位的至公堂内不够坐，就站在过道和窗外听。下课后不少人还不忍离去，围坐在草地上请教，有时一问就是三四个小时，时常忘了吃饭。在路上遇到学生提问，他也毫无架子，耐心解答。他还常常邀约学生到家中研究问题，并循循善诱、百问不厌。他说“放假不是乐，讲学才是乐”，假期中还勤于教学生诗作、书法，并利用假期召集石屏籍在昆学生，专门为他们讲课，并买了《经传释词》《古文疑义举例》等书送给他们，希望为家乡多培养一些人才，将来为国为乡出力。

1923年，唐继尧将他在北门街的私第改为东陆图书馆，聘请曾祖父为馆长。当时入馆阅读，必须有入场券方可进入。为了方便东陆大学的学生学习，他发给他们“永久入场券”。他还多次呼吁学校增加藏书，并把他从日本带回的许多珍贵的图书捐了出来。他语重心长地对学生说：“书籍于学人，如商人之本钱。书不富，所获利益，亦无几矣。”他还将自己的著作成捆地带到学校，赠送给学生们，说：“人若不读书，焉能为一学人？吾最服朱子善读书，非二程子能及。”劝诫学生们要“敢言天下无难事，尽读人间有字书”。

袁嘉穀在东陆大学任教时题，自勉同时勉励学生勤奋读书。

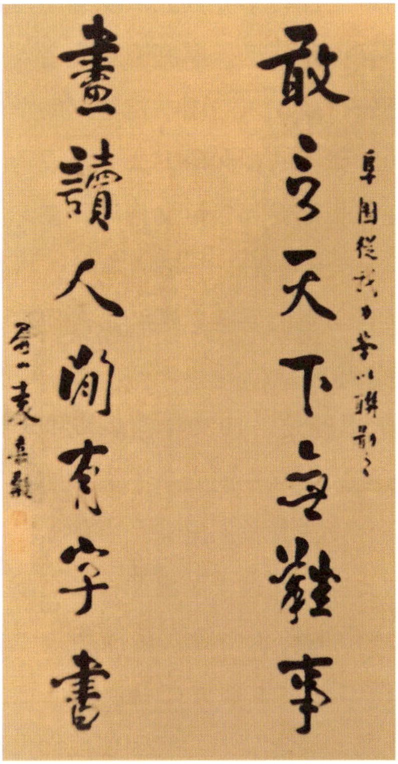

1903年袁嘉穀考中经济特科状元有感而作，后寄回昆明悬挂于状元楼。

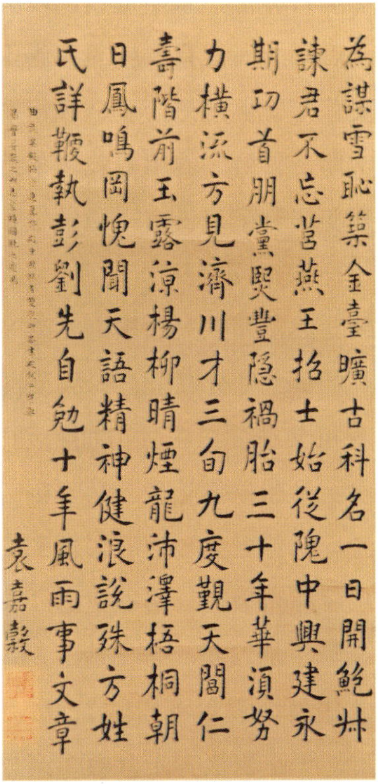

曾祖父十分爱惜人才，喜爱好学上进的青年学生。他通过言传身教，要求学生守纪律，做学问要一丝不苟，他对学生一片真诚，爱才若渴，期望他们能够“青出于蓝胜于蓝”。

这些表现，正是他深深“东陆情”使然！

品格高尚　关爱学生

东陆大学（云南大学）时期的曾祖父，不仅以自己深厚的学识传授知识，他高尚的师德，更是受到大家的赞扬。他严于律己，每次讲课都要提前到课堂，说“宁可吾等学生，不可让学生等我。”他对学生十分关心，如对经济困难的预科学生李乔在学习生活方面都给予帮助，说“你们彝人读书的太少，进大学的还没有，你要好好读书。”为了让他安心读书，他还定期给石屏李乔家中寄钱，以解其后顾之忧，李乔为此深受感动，勤奋学习，后来成为很有成就的彝族作家。又如张连懋，家庭困难，亲人逝世无法安葬，曾祖父便给予金钱帮助，还安排他在东陆图书馆勤工助学。学生李士厚在曾祖父的用心栽培下继承他的研究精神和研究成果，成为近代研究郑和的专家。云南昭通学生张希鲁，长期受到曾祖父指导，在考古及史学方面取得相当成绩。孙乐、于乃仁、于乃义、李如坤等学生后来也都成绩斐然，师生关系极为融洽……而当学生们要感恩送礼时，他却说：“焉有君子而可货取乎？”从不收取学生的礼物。

曾祖父在爱惜人才方面特别值得一提的是，1930年前后，由于叛徒的出卖，早期中共党员、学习刻苦的东陆大学学生浦光宗不幸被捕，虽关在浙江，但曾祖父知道后，仍利用关系，设法营救他出狱。中华人民共和国成立后浦光宗任云南省交通厅长，为云南基础建设做出了许多贡献。东陆大学学生浦汉英、李子坚、还有一中学生杨东明等人被捕后，“袁先生心急如焚，寝食不安。”说：“能读书的学生都关在监狱里，这怎么行？”，于是积极奔走营救，亲自找到龙云要求放人，终于使他们先后得到释放。事后他还书写一副对联“自古大才难为用，故国平居有所思”送给杨东明，希望他心念国家危亡、民生疾苦和救国救民之道，记住“天下兴亡、匹夫有责”的古训，做到“读书须识得头脑，为人要立定脚跟”。这就是先生教育兴国、知识救国的肺腑之言。

曾祖父倡议在校园内重修“风节亭”，并亲笔书匾，立于亭上，并在课堂上为学生们介绍“风节亭”的典故，抒发高风亮节的情怀，教育学生要有高尚的忠节品格，认真做学问，将来才能学有所成。他还要求学生们以“风节亭”为题完成作业，写得好的，他还给予表扬和奖励。

由于大家十分喜爱他的书法作品，为了满足大家的要求，曾祖父便用他为世人所珍惜的“袁家书”写成讲义发给学生。他到校讲课时每每也都自备纸张笔墨，给学生和求字者（包括小学生）送墨宝，而且内容从不重复。因此，他的墨宝有许多都收藏于民间。

同学们对曾祖父的学问、人品及敬业精神都极为敬佩，都尊他为一代宗师，并传赞他对学校、对学生的“东陆情”，大家均以能成为他的门生为幸事。

严于学问　著书不止

国学大师章太炎到云南讲学时曾拜见状元公，对老人家的博学有很高的评价，章太炎的学生刘文典曾说：“吾师余杭章先生（章太炎），尝游昆明，介征君犹子百举修士相见礼，与征君谈累数日，归谓弟子曰：‘袁君精研史学，吾不如也。’‘其推挹亦至矣，是《移山簃随笔》盖归田后随手札记，非甚经意之作，然贯穿经史，融会群书，凡所考订，皆至精确，愈足见征君所学，汪汪如万顷之陂，其博大精深，为不可及。’”给予了很高的评价 。

在东陆大学任教的同时，曾祖父还致力于著书立说，他著有（包括学校的教材）《滇绎》《卧雪堂文集》《卧雪堂诗集》《卧雪堂联语》《卧雪堂日记》《卧雪堂家书》《卧雪堂诗话》《卧雪堂诗草》《讲义管窥》《读史札记》《昆明马哈赤碑跋》《云南通志》《云南大事记》《滇诗丛录》《滇文丛录》《诗经古谱》《清史稿》（部分）等共400多部著作，其中许多著作严谨地订正了不实的记载，许多著作在认真考察、掌握大量实情后向世人展示传承了优秀的中华文化。他对云南的历史人文风情等作了全面系统的研究后，创立了“滇学”，给后人留下了十分有价值的史料。著名航海家郑和的老家是云南晋宁的认定，以及相关的许多资料，就是曾祖父考证的，其中他写的《昆阳马哈赤碑跋》等，为后来许多研究郑和的专家提供了不可或缺的依据。

这段时间，是他老人家作品最多最集中的时间。他始终实践着他“吾中国人也，读中国书，应有以光大中国之作，以报中国。云南者，中国之一部也，吾生云南，壮而游，老而归，六十年读云南书，应有以光大云南之作以报云南。”“滇之人，生滇爱滇，将以保永久之滇，不得不考古之滇，以兴将来之滇。”“滇存，吾存。吾存，滇存。凡吾滇人万众一心”的理想。正如他编纂中国第一部教科书是为教育兴国，在浙江大力兴办学校，保护鲁迅等进步师生，保护敦煌文化，在东陆大学辛勤耕耘，培养出一批救国救民的栋梁之才以及极力解救进步学生都是为了教育兴国、知识救国，是在努力传承中华优秀历史文化，是在“为国求贤”，是他一生爱国爱乡爱人才的具体体现。

曾祖父在东陆大学（云南大学）十五年的教授生涯，正是他不忘初心，以自己的追求，实现自己这毕生愿望的十五年，也是充满了浓浓“东陆情”的十五年。

（作者袁东为袁嘉穀直系曾孙、研究员。本文由袁嘉穀第五代后人袁讯参与收集材料，并参考袁继坤《袁氏家传》部分内容，特此致谢。）

参加义务劳动的编码大师张其濬

辐　键

20世纪50年代，云南大学的老师们每个学期都有半个月到一个月的体力劳动（到农村、工厂或在校办的农场，通过劳动“改造思想”），而且逢节假日还要参加各式各样的义务劳动。

1952年的植树节，理学院院长兼物理系主任张其濬（右二）率数学、物理两系部分教师，自带农具步行到黑龙潭植树。照片中的老师右起分别为：胡维菁、张其濬、卫念祖、李作新、郑智绵、顾建中、冯竞、王志导、李炽、钱春深。

说起张其濬，我们即想起了发明计算机汉字编码的云大人张文渊。文渊是张其濬的字，也是熊庆来和同事们对他的昵称。张其濬（1900—1983），安徽太和县人。1940年熊庆来聘请其来云大任职后，众多名师经他先后向熊庆来力荐，莅校执教，理学院活力尽显。中华人民共和国成立后，周恩来针对我国汉字排版印刷技术迟滞的问题提出希望“实现排版印刷自动化”，张其濬便着手研究并设计机器操作铸字自动排版印刷机和汉字信息处理机。他查阅了国内外大量文献资料，拟定设计方案并绘制了许多宝贵的图纸。就在研究工作紧张而有序进行的同时，他承受着“反右派斗争”的严重干扰，并被错划为“右派分子”，但他仍然顶住思想和精神上的沉重压力，白天打扫物理馆的清洁卫生，晚上回家仍埋头于科学研究。

在自动拣排印刷处理汉字的问题上，为使结构复杂的汉字变成一种符号信息，他把有关汉字的衍变及其发展、简化（含汉语拼音）等进行编序、排列、对照，模拟、摸索汉字的种种组合结构规律，对7000多个汉字的音、形、笔画作了细致的分析，设计出几十种编码雏形，首创了“不如实式”汉字编码方案。“文化大革命”到来，他又被立案审查，成了“专政”对象，白天被监督着扫地、刷墙、冲洗厕所或到校内农场劳动，晚上回家已疲惫不堪。当他忆起当年在法国勤工俭学时的那股“奔牛”劲头，每每因不服于不公正的待遇而表现出了惊人毅力，熬夜吃苦完成了计算机

1952年的植树节，理学院院长兼物理系主任张其濬（右二）率数学、物理两系部分教师，自带农具步行到黑龙潭植树。照片中的老师右起分别为：胡维菁、张其濬、卫念祖、李作新、郑智绵、顾建中、冯竞、王志导、李炽、钱春深。

汉字编码的操作方案。

张其濬的重要发明成功了！《光明日报》和多种媒体载述了这一成果和创造，国内外多个相关学术会议邀请他参加，张先生在探求科学奥秘真谛的荆棘道路上从来不祈坦途，虽殚精竭虑却沉着乐逸。1983年因病情恶化，他无奈地倒下了，他永远地离开了一辈子敬业之岗。人们不会忘记，电脑世界不会忘记，计算机形成和发展史的丰碑之上，不能缺少张其濬（张文渊）的名字！

郭佩珊与云大航空系

李作新

1941年冬，陈纳德的美国志愿航空队——“飞虎队”进驻昆明，很快掌握了制空权，日本飞机不敢再肆无忌惮地狂轰滥炸了。当时飞虎队使用的飞机，大多是一些美国换了装的二手货，如P-40C型战斗机，数量也就是100架左右，是当时中国政府花费450万美金购买的。1941年12月7日，日本偷袭珍珠港后，美国对日宣战。罗斯福总统很快批准再援华500架各型飞机，包括当时较为先进的洛克希德A-28重型轰炸机。1942年4月下旬，日军窜踞了毗邻缅甸北门户的咽喉要地腊戍，滇西战役形势危急。同年4月18日，美国空军首次远航轰炸日本本土，16架“B-25D”型轰炸机从大黄蜂号航空母舰起飞，轰炸了日本东京、横滨、长崎等城市后，除少数几架误降敌占区外，大部分飞回，随即又转飞昆明休整，并参与袭击了由缅甸入侵云南腊戍、腾冲一带的日寇。

当时驻昆的空军第十飞机修理厂工作人员郭佩珊在维修B-25D轰炸机时，曾大胆地、创造性地为其进行了三次革新“手术”，使一架飞机能实现以往三四架飞机的轰炸效率，在滇西战役中更大范围地阻击和消灭了入侵者。

对于郭佩珊的大胆革新，陈纳德将军深表钦佩，飞虎队的队友也一片赞扬之声。蒋介石连升郭佩珊三级（从尉官晋升为校官），并奖励其国币1000元。同时，他的职务也被提升为航修厂的修造课课长（生产总工程师）。

郭佩珊何许人也？他是熊庆来主校时云大航空系的一位兼职副教授。

后来，在云大物理系主任张其濬和机械系主任马光辰的帮助下，离开巫家坝航空部门到云大任专职教授。郭佩珊随即为云大航空系从巫家坝机场弄来两架直升飞机和一些航空试验仪表，充实了云大航空系的实作设备。

郭佩珊性情耿直活跃，善于交往。1946年到云大任专职教授后不久，便被选为教授会代表参加云大五联会，并任五联会主席；九九整肃前夕，他秘密离开云大去了滇东北边纵；1958年，他转业到北京中科院任科学出版社副社长；1963年调任中科院物理研究所副所长兼党委书记。

在云大人印象中，郭佩珊是一位带“政治色彩”的传奇人物。其实，早在1933年郭佩珊在北洋大学念书时就加入了共产党；1935年继续入武汉大学读机械系，并参加了一系列的学生运动。1938年1月，郭受命于长江

1947年，郭佩珊（右二）与航空系同仁在云大飞机棚内合影。

局领导人董必武，考进了成都空军机械学校高级班学习，从此开始了长达十余年的航空机械修理生涯。他牢记董老动员他“要打入国民党空军去”时说的话：“哪里有人，哪里就需要共产党人去工作，帮助他们提高觉悟，引导他们到抗战救国的大道上来。”郭佩珊的确这样做了，而且做得很出色。后来，他曾为边纵滇东北基地输送包括武器、通讯设备、器材等在内的许多重要装备物资，为云南的解放和科教事业的发展做出了积极贡献。

1948年，熊庆来与航空系教师在会泽院合影。

乐育英才　金针度人

林超民

方国瑜是二十世纪云南最杰出的学术大师之一。他早年研究音韵文字学，著有《广韵声汇》《隋唐声韵考》等著作，为学术界推崇。因撰著《纳西象形文字谱》一书被国际学术界誉为“纳西语言与历史学之父”。他因痛感清朝外交丧权辱国，愤而在报刊发表文章，呼吁国人督促政府，保我边疆。1935年8月，他参加中英滇缅未定界务交涉，转而研究西南史地。

1936年方国瑜受聘执教于云南大学。1957年开始招收副博士研究生，是中华人民共和国第一批招收研究生的导师。到1965年，方国瑜先生共培养三届7位研究生。1966年，“文化大革命”开始，所有大学“停课闹革命”。1976年10月粉碎“四人帮”。1978年9月，方国瑜又开始招收研究生。这一年，他招收两位研究生：林超民和史继忠。

1980年2月12日，全国人大常务委员会审议通过《中华人民共和国学位条例》，于1981年1月1日开始实施。1981年11月，国务院批准首批博士和硕士授予单位，公布学科和专业名单。云南省获得一个博士学位授予单位，这就是中国民族史专业；仅有一位老师获得博士研究生导师的资格，这就是方国瑜教授。1981年9月，方国瑜指导的史继忠、林超民获得历史学硕士学位。1982年9月，林超民成为云南省第一位博士研究生，在方国瑜教授指导下研究中国民族史与云南地方史。1985年5月通过论文答辩，获得博士学位，成为第一位中国民族史专业博士，也是云南省历史上第一

方国瑜与他指导的博士研究生林超民。

位自己培养的博士。

方国瑜乐育英才，诲人不倦，桃李遍天下。他教学态度一贯严肃认真，尤其重视基础课教学。20世纪80年代初，已双眼失明的他还在给本科生讲授目录学、地方史等基础课。方国瑜培养研究生，总是从打基础入手，让学生在版本目录、校勘训诂、年代、职官、历史地理、文物金石等基础上下功夫。方国瑜说，“旧社会个人观念重，基础工作做完了，问题研究好了，把基础的稿子毁掉，拿出成果来，‘绣罢鸳鸯从君看，不把金针度与人’成了风气”。国瑜先生在教学中反对这种恶劣风气，以广阔的胸襟，重在给学生指引读书门径，传授治学方法，培养学生独立思考的精神与开拓创新的能力。他从不装腔作势，盛气凌人；始终谦虚谨慎，平易近人；严以律己，宽以待人；奖掖后生，扶持青年，诲人不倦，为后学师表。对研究生和青年教师尤寄以殷切期望，对读书门径、治学方法，无不耐心指点、纤悉以告。每接谈，辄三数小时，娓娓不倦，满座春风，令人陶醉。凡向方先生求教的人，无不为之感动。

方国瑜指导学生十分重视严谨求实的学风养育、开拓创新的精神养成、独立进取的人格养护。他言传身教，以“不湮没前人，要胜过前人”自励，也以此要求学生。他不望学生速成，要求学生志存高远，淡泊名利，厚积薄发。他在《〈云南地方史〉导言》中强调：“我们要有革命气概，心胸开阔，做到‘不湮没前人，要胜过前人’。前人不够的，加以补充；前人不对的，要改正过来；前人未曾说到的，要敢于创造，有所发明。惟其不湮没前人，方能胜过前人。”

方国瑜一生情系苍生，心通百姓，胸怀天下，以读书、教书、著书为生活，以学术传承为使命。不因贫贱而动摇，不因威武而屈从，不求富贵，不事张扬，不畏艰险，义无反顾地为学术、为民族奉献了一生心血。

老骥伏枥　壮心不已

方应祥

①②③为方国瑜教授工作时的情景。摄于20世纪80年代初其寓所书斋。

张永立教授轶事

张世杰

1936年—1939年间，张永立获比利时鲁汶大学奖学金，赴布鲁塞尔攻读博士。其间，他抓紧时间大量阅读相关论著，扩大知识面，了解到了许

云大物理系“理论物理专门化”本科生于1962年9月拍摄的毕业照。云大当时最牛的“理论物理专业”是资深理论物理学家张永立（一排右三）在云大物理系创办的。

多科技前沿信息。当时他读到一篇关于地球成矿理论的文章，文中谈到金属成矿的伴生现象，引起了他的关注和重视。

中华人民共和国成立后，张永立任云南政协委员。他去云南个旧视察时指出，锡业公司需要引进先进的大型摄谱仪才能提高分析效率。另外，要注意锡矿中有铊元素存在。铊有剧毒，但它却是制造敏感传感器的主要材料，值得注意。

1959年，云大兴起“破资产阶级法权”运动，张永立被批。批者问：“你说锡中有铊，为什么没有谱线出现？你说，铊到哪儿去了？”张永立非常激动地说道：“铊到哪里去了，铊到烟灰里去了！”那时，张教授就已经知道铊的挥发温度低。后来，在周恩来总理听取云南省政府工作汇报会上，有人提及此事，总理听后无可奈何地仰头一笑说：“那就要把烟灰给保护好喽，等我们的后代掌握了提炼技术，再提炼吧。”

培养了多位院士的师长赵树年

张世杰

云南大学办学历来重视服务地方经济建设，赵树年教授为此专门在云大开出了“植物化学”这门特色专业课。在他讲授这门专业课期间，奇迹般地培养出了多位院士。其中，有五位院士还曾一起到云大为他们的恩师赵树年教授祝寿。“五院士拜寿”一时传为美谈。

赵树年（右）和同事陈国才教授讨论植物（摸摸香）香料提炼问题。

云南第一位体育教授杨元坤

刘兴育　陈明霞

杨元坤（1910—1993），字健南，云南普洱人。他生在一个殷实的农民家庭，父亲和哥哥是主要劳动力。幼年进入村办小学读书，1924年考到普洱第四师范学校，1929年毕业时，因家道中落生活贫困，不得不放弃继续深造的机会，返乡在村办小学教书。

杨元坤到村办小学教书不久，父母作主给他娶了一个没有文化的村女为妻，他非常反感这门亲事。为跳出火坑，决心报考到由省教育厅资助的学校。1931年9月，他如愿以偿考上了南京中央大学教育学院，专修体育。云南省教育厅按每月15块大洋的奖学金汇给他做生活费，体育专业的学生不仅要学好书本知识，而且要在运动场训练。一个优秀的学生要付出相当多的努力，才能掌握各种技能。南京的夏天十分炎热，温度常在30℃以上，很多人躲在荫蔽处纳凉，而他总是抓紧时间在运动场上进行各种技能的训练。1935年8月，他获得教育学学士学位，毕业回到云南后，由省教育厅介绍到省立云瑞中学任教员兼体育主任。在该校任教期间，他了解到由于体育教员奇缺，全省各类学校绝大多数的体育课教员不是科班出身，很多学校体育课由其他课的老师兼任。为提高教学质量，省教育厅曾在1933年拟定筹办一所专门的体育学校。杨元坤主动请缨筹办体校，得到获准后，他邀请昆明市体育界前辈罗学渊、罗正华、张四维、姚继唐以及1935年分别从南京、北平、上海体专毕业的李立贤、王昌锡、毛昌华、魏

云南第一位体育教授杨元坤。

丕栋等参与创办。1936年秋经教育厅批准，云南省昆华体育师范学校在昆明市拓东路盐行会馆挂牌成立。教育厅拨旧滇币3万元作为开办费，学校招收初中毕业生，以培养中、小学体育老师为宗旨。教育厅委任罗学渊为首任校长，杨元坤任教务主任。

云大1923年建校后，在课程安排上就设有体育课，体育课定为必修课但不算入学分，学校体育部由校长直接领导。由于诸多因素，体育教师像走马灯一样前后换过几批，到1937年体育部已名存实亡。这年7月，熊庆来应聘从北京回云南任云大校长。为促进云大的发展，他四处招揽贤才。杨元坤经时任云南省合作事业金库总经理、云大经济系兼任教授杨克成推荐，被熊庆来聘为云大专任体育教员兼任体育主任，由他负责全校各年级男、女生每周2小时的体育课，全校学生每天的早操以及学校各种球队的训练。1938年7月云大改省立为国立大学，学校的机构发生一些变化，训导处下设体育卫生组，设主任1人，杨元坤被任命为该组主任。他任职后，坚持一至四年级（医学院五年级）每周都有2学时的体育必修课，体育成绩不及格者不能升级和毕业的制度。

抗战爆发后，北大、清华、南开部分师生疏散到昆明，成立西南联大，许多著名的教授也随校到昆明，联大的部分教授被云大聘为专任教授或兼任教授。1939年，杨元坤推荐清华大学体育教授涂文担任云大体育专任教授兼体育主任，体卫组又聘请张汝汉、杜志高等人，使学校的体育课得到加强。这年他晋升为体育专任讲师，1943年晋升为副教授，1948年获得教育部颁发的教授证书，成为“云南第一位体育教授”（见中华人民共和国地方志丛书《云南省志》第七十二卷《体育志》）。

1942年涂文应聘到贵州大学，体育卫生组主任职务由杨元坤接任，直到1950年止。在这九年中，他非常注重体育师资建设。据1948年5月28日统计，云大体卫组教师已有9人，其中教授1人、副教授1人、讲师4人、助教2人、助理员1人。他任职期间，学校体育课内容较为丰富，有田径运动中的短跑、中长跑、跳跃、投掷，球类以篮球、足球、排球、手球、棒球、垒球为主，另有游泳课。住校学生须坚持上早操，无故缺席者扣操行分，因病连续缺课10次也扣操行分。学校各运动队的队员除每周坚持上体育课外，还要训练2次。学生的体育课评分成绩采用百分制，每学期结束后评定成绩，将学习态度是否端正、勤奋努力与运动成绩结合起来，各占一半的分数。这些措施对加强学生体育锻炼、提高身体素质起了较好的作用。他不仅措施得力，而且态度坚决。当时有不少学生对体育课不重视，缺课较多，体育成绩不及格，他就按规定执行，决不通融，这引起一些学生的不满，但他毫不手软，仍按规定办事。

为广泛开展田径运动，他受学校委托与市政府教育局协商，将原属市教育局管理的东陆运动场拨归云大管理使用。获得东陆运动场管理使用权后，他在体育场原有基础上增辟了沙地篮球场、排球场，单双杠运动场。场地面积扩大到42000多平方米，成为当时设备较好的综合运动场。云大体育场除供全校师生使用外，还向全市广大体育运动爱好者开放。一些中小学的运动会也常在这里举行。1937年7月初，全省各单位派代表队在云大东陆运动场比赛，从中选拔云南省参加第七届全运会的队员，杨元坤是云大代表队的教练并兼这次比赛的裁判员。这次全运会因发生“七七事变”而未按时召开，直到1948年5月才在上海举行。杨元坤作为本届运动会的专门委员赴上海，而云南省因经费缺乏未能派队员参加，他成为云南省在这次运动会中的唯一代表。

杨元坤在体育理论研究方面有一定造诣，曾在任教的学校讲授过体育教育概论、运动生理、卫生学、体育史等。1935年9月6日至11月5日，《云南日报》连续六次发表他撰写的论文《体育教育之研究》，1943年又重新再次刊登。这是云南省体育界最早的一篇论述体育教育的学术论文，是云南近代体育教育的一块奠基石。他还在1938年发表了《云南民众体育》，1946年发表了《战后中国大学体育之改进》，1964年发表了《田径原理在田径教学中的应用》等论文。

他在云南省体育运动的普及、推广工作中做了不少有益的事。1942年西南联大体育教授马约翰在昆明成立“中华体育协会云南分会”，并担任会长。抗战胜利后，马约翰等外省教师随校离开云南。离昆前，马约翰通过他人将一些体协的文件和一部电话机交给杨元坤，并示意他以云大为基础把体协的工作负责起来。杨元坤征求了一些在昆体育界同行的意见后，组建了昆明体育学会，他任理事长。期间，通过体育学会这一平台进行过一些公益募集活动。1947年3月，云南省为促进昆明青年身心健康，使年轻一代德智体全面发展，成立了青年体育委员会，聘请杨元坤为主任委员。1950年10月2～9日，在拓东体育场举行了中华人民共和国成立后昆明市第一届人民体育大会，这次大会进行了篮球、排球、足球、垒球、拔河、田径等竞赛。杨元坤参加了这次体育大会的筹备工作，任大会主席团成员、拔河竞赛裁判长。“文化大革命”前，他曾多次在省运动会上担任田径赛裁判长。1952年西南区在重庆举行第一届西南区人民体育运动会，他作为裁判员参加这次运动会。他在排球运动方面有娴熟的技能和较高的威信，至“文化大革命”前一直担任省排球协会主席。他一生爱好网球运动，曾任中国网球协会会员、云南省网球协会咨询委员。中华人民共和国成立初期，云南省省长郭影秋派车将他接到太和街潘朔端市长住处，与来昆视察工作的贺龙、李井泉一起打网球。这是他第一次与中央领导人打球，开始非常紧张，但贺龙元帅的一句话使他消除了紧张情绪。贺龙说：“我早就认识你，1952年你在西南区运动会上做过裁判工作，大家是老朋友了。”贺龙和蔼可亲的态度，让他放下思想包袱，边打球边与国家领导人进行交流。1957年，国家体委将在上海举行全国13城市网球比赛。为挑选优秀选手参加比赛，省体委在昆明举办选拔赛，杨元坤因球艺高超获得参赛资格。中华人民共和国成立后，他还担任过中华全国体育总会委员、中国体育史学会委员、云南省体育文史委员、昆明市体委顾问委员会主任

①云南大学女子排球队队员合影。（右一为杨元坤教授）

②云南大学女子排球队队员合影。（左一为杨元坤教授）

③云南大学男子排球队队员合影。（左一为杨元坤教授）

委员、云南省老年体育协会委员等职。

1953年，经龙泽汇、曾恕怀介绍，杨元坤加入民革，任民革云大支委、副主委，民革云南省委委员。

80年代初，他虽然已年过古稀，但还是顶烈日、冒严寒，在体育场上为学生上课，参加教研室的科研活动。每次上课他仍然是提前到位做好各项准备，看到有些体育教师在上课中出现的不规范动作和有违师德的行为，敢于不留情面地当面指出。1980年，他为云南广播电台及福建前线广播电台撰写了《体育健儿嘉相聚，两地同胞骨肉情》的广播稿，并参与《云南省体育史》的编撰工作。1985年，他被评为云南省高等学校优秀教师，1986年被评为云南大学“教书育人”先进个人。同年退休，依旧天天坚持打网球，参加社会活动，为云南体育事业继续发挥余热。1987年，受到云南省人民政府的表彰。

1993年2月，一向身体强壮，很少进医院的杨元坤被查出患肺癌，同年5月15日去世。

记忆中的张德光先生

曾凤英

当年历史系的老师真是谦和之至，不论学问多高、名气多大、多么繁忙，每逢过节都会走出书斋和大家同庆共乐。本文的插图为庆祝1976年“三八节”在云南大学历史系办公室门口留下的合影。

这些老师中，我记忆最深的是张德光先生。先生1913年出生于湖南攸县的一个书香世家，四岁启蒙，由其父亲自授课。1935年考入北大历史系，他对先秦诸子百家及孔子所创建的儒家学派的研究，受冯友兰、钱穆先生的影响较深。1939年毕业后，先生决意回到烽火连天的故乡，投身于民族教育。抗战期间先生曾任湖南攸县临时中学校长，在抗战艰苦年代为故乡培养了大批人才。1986年1月先生去世，攸县人民政府决定将先生骨灰安葬于攸县一中（其前身为攸县临中）校园内。

中华人民共和国成立后，张先生一直在云大工作，曾任云南大学党委常委、副教务长、历史系主任、中国民主同盟云南省委常委。张德光先生拥护党的领导，为人民教育事业无私奉献，他在云大任教30余年间，大部分精力投入校、系建设。他任历史系主任31年，呕心沥血为国家培养了大批史学人才，他的学生不少已成为当今有名的专家、学者或教授，使云大历史系成为国内史学界有一定地位和自己特色的系。先生治学严谨，谦和慎行，德高望重，光明磊落。

他老人家一生主要从事中国思想史的教学与研究。他授课数门，主要

1976年“三八节”云大历史系师生合影。

第一排从左到右：张家麟老师、赵瑞芳副系主任、李淑兰系党总支书记、张德光系主任、董孟雄老师。

第二排从左到右：孔稳苏（1974级学生）、何美焕、汤芝兰（团总支书记）、曾凤英、裴黎艳、孟献云、桂琼兰。

第三排从左到右：罗秉英老师、左文华老师、黎家斌老师（1974级辅导员）、尹于槐（系党总支副书记）、郑念仲、苏映莲。

讲授“中国思想史”“先秦思想史”，并亲自编写这两门课的教材。他国学基础扎实，精于古文字，藏有并阅读了大量古典书籍。他对中国思想史有系统广泛的研究，对儒家、道家、魏晋玄学和明清之际的乾嘉学派思想都作过深入研究。在他发表的数十篇论文中，其中有两篇作品在我国学术界影响较大，再版刘文典大师的巨著《庄子补正》时，先生以精美的文言体为该书再版作《庄子补正跋》，对《庄子补正》给予了深刻的评价。

1974年，张先生已60多岁，当时虽然身体不太好，声音不大，但仍坚持给我们上课，语言生动，条理清晰。他对先秦的孔孟老庄等思想家的思想分析深入透彻，给了我深刻的启示。我的基础较弱，张先生教我读古文的方法，还建议我多背诵一些好的文章，甚至是成语。我下去后照着老师的方法去做，果然有了一点进步。老先生发现后高兴地说：只要肯努力、肯下功夫，总是会有成效的。后来，大学毕业后在学校工作，每逢遇到困难就会想起张先生的教导，就会努力克服困难。先生当年对我的启示足以让我受用一生，所以特写此文以志纪念。

云南大学培养的第一位博士

徐嘉文

1985年5月30日上午，云南大学经济系阶梯教室被校内外的四百多名师生挤得满满的，窗子上爬满了人，连走道都坐满了观众和听众。云南大学历史上的第一次博士论文答辩在这里举行。

由博士生指导教师云南大学历史系江应樑教授、中山大学人类学系梁

1985年博士论文答辩会会场。

答辩会上林超民的答辩引起了师生们的极大兴趣。

答辩委员会委员在对林超民的博士论文答辩进行无计名投票。

钊韬教授、中南民族学院民族研究所吴泽霖教授、云南师范大学历史系方龄贵教授、云南大学历史系李埏教授组成的博士论文答辩委员会，让人肃然起敬。答辩委员会主席宣布答辩开始，委员们轮番向博士研究生林超民提出各种问题和质疑。林超民一一作了令人满意的回答。最后，答辩委员会全票通过博士论文答辩，同意毕业，并授予博士学位。中国民族史专业第一位博士在云南大学诞生。

林超民1962年考入云南大学历史系。毕业后当过工人、中学教师。1978年考取硕士研究生，在方国瑜教授指导下，攻读云南地方史。1981年取得硕士学位后，1982年又考取由方国瑜教授指导的博士研究生。1983年方国瑜教授逝世后，改由江应樑教授指导。在两位导师指导下，他以全优

江应樑教授在指导林超民作博士论文。

读博士时，林超民光荣地加入了中国共产党。图为他在进行入党宣誓。

的成绩学完学业。他翻译了美国史学家巴库思著的《南诏国与唐代中国西南边疆》一书，撰写了《大理段氏和三十七部盟誓碑的几个问题》一文。他的《试论汉唐时期西南的昆明》一文，研究了昆明族的族源和演变、昆明池的方位、昆明地名的由来和沿革，提出了新的见解，对研究古代云南很有价值。他的博士论文《安西北庭都护府与唐代西部边疆》一文，论述了唐代安西、北庭两个都护府建立的过程及其在开拓与巩固西部边疆发展经济、文化，促进民族融合等方面所起的重要作用，在西域史的研究方面是一个突破，具有重要的学术价值。

林超民博士毕业后留校任教，连续不断地发表论文及专著，在国内外产生了积极影响。曾担任过历史系主任，博士生导师，培养了一批研究生，其中有美国、日本等国的硕士生和博士生。他还担任过云南大学副校长。

赵季校长深入教学第一线

零　度

20世纪80年代初，云南大学外语系语音实验楼在北院建成，这在当时是一件新鲜事，也是教学改革、实验改革的成果。赵季校长率领全校各系

这是20世纪六七十年代云大外语系的教学和办公楼。这座两层的楼房很别致，黄墙红瓦，在北院很显眼，很引人注目，当时外语系的教学和办公全在这里。

赵季校长在语音室里听课。一排右一为外语系系主任李从碧教授，二排右一为赵季校长，二排右二为校长办公室主任金宗佑。

系主任、党总支书记等一干人马，亲自来听英语语音实验课。实验课从最初的听录音到听教师讲，再到放电影、听原声带，从这里文科教学改革开始了。赵季校长谈教学改革，不仅讲，还亲自带着做，做的中间还检查、总结推广。1983年初，他到化学系物化教研室进行“按人确定工作量，分组实行包干制”的改革，试行新的管理办法，全面安排教学、科研和社会服务。改革进行了三个多月，有了一定成效，赵季校长打电话叫我去采访一下戴振泽教授。稿子写成后刊登在《云南日报》第一版，报社还特别加了编者按，号召并鼓励全省各高校推广“按人确定工作量，分组实施包干制”的方法。

戴树珊教授与诺贝尔奖得主里斯科姆

北　辰

1984年六七月份，受时任化学系系主任戴树珊教授之邀，美国哈佛大学教授，1976年诺贝尔化学奖得主里斯科姆（W.Lipscom）到云大访问。他是改革开放后受云南大学邀请，到校讲学的第一位诺贝尔奖得主。

里斯科姆运用鲍林的X射线衍射技术和鲍林共振理论，解决了硼烷

里斯科姆在做学术报告。

的结构问题,并因此获得了诺贝尔化学奖。里斯科姆在参观了化学系的教学、科研设备，与系里的师生互相交谈后，尤其对由著名化学家戴树珊教授带领的具有相当实力的教学、科研队伍颇感惊讶。里斯科姆为化学系的师生作了硼烷结构的报告，使化学系师生深受启发。他还给戴晓畅（戴树珊之子，留学美国，曾任云南大学药学院院长）送了一本生物化学方面的书，该书图文并茂、深入浅出，对戴晓畅的学习很有帮助。

戴树珊教授与里斯科姆的关系很好，戴先生到美国还专门拜访过他。在长期的书信交往中，他们互相敬重；在学术交流中，结下了深厚的友谊。21世纪初，当鲍林（Lipceow）、里斯科姆（W.Lipscom）和霍夫曼（Hessmcm）祖孙三代，三个诺贝尔奖获得者举行庆祝大会时，里斯科姆还特意邀请戴树珊先生前去参加。但由于种种原因，戴先生没能成行，至今深感遗憾。

里斯科姆与谢锦伦教授（右一，当时的化学系副主任）、翟新（右二，当时的研究生，后到以色列读博士，再到荷兰攻读博士后，现在美国工作）交谈。

送别副校长杨黎源

李建平

这张老照片拍摄于1980年，是送别杨黎源时的合影留念。杨黎源当时任云大副校长兼校党委副书记，拍摄照片时，他即将离开昆明前往天津任

1980年，我们送别副校长杨黎源时合影留念。这张照片上有党委书记林亮（一排右三）、副校长赵季（一排左一）、副校长苏林（一排左二）、教育局副局长（相当于现在省教育厅的副厅长）何健（一排左三）、副校长兼党委副书记杨黎源（一排左四）、校宣传部副部长周福智（一排右一）等，当时我是云大的人事处处长（一排右二）。

市委副秘书长。那天为他饯行时，我们在会泽院顶层露台上合影，留下了这张照片。

说起这些领导，多数都是那会儿服从国家分配，为加强西南边疆建设来到云南的。就说杨黎源吧，他为什么去天津呢？杨黎源在“文化大革命”之前被认定为右倾机会主义分子，长期得不到重用，后来在校期间，省里面给他平反，之后才调到天津去当市委副秘书长，算是人尽其才了。

那时候云大的机关部门都在会泽院办公，当时的会泽院一楼还是教室，党办、校办、人事处、教务处、保卫处等部门在二楼，三楼有宣传部。“文化大革命”结束不久，那段时间白天要处理“文化大革命”遗留问题，来来往往的人很多，所以特别忙。晚上杨黎源吃完饭之后都会在办公室批阅文件，通常会持续到夜里十点多。夜晚的云大格外宁静，与白天的热闹忙碌形成了鲜明的对比，人们在晚上都能够静下心来，好好学习。由于当时学校教职工宿舍比较紧张，我就在办公室里面搭一张床，直接在办公室休息了。我们那一代人还是相当艰苦的，当时新建的东一院条件最好，楼层里面有厕所。但是洗澡依然是个大问题，要去学校里面的公共澡堂。那会儿师生要参加一定的生产劳动，现在东二院所在的地方当时就是农场，可以为学校提供一些农产品。后来学校大搞建设，新增了一些条件好的办公室，但退休职工依然没有活动室。经我们多次反映，这一问题得到了解决，也算了却了我们的一桩心事。

我18岁参军，1947年随陈赓率领的第四纵队南下，我们从山西出发，参加过解放河南、陕西、湖北、安徽、江苏、江西、浙江、湖南、广东、广西、贵州的战争，最后打到了云南，总路途13万公里。中华人民共和国成立后我在十四军军部和昆明军区工作，直到1977年从部队转业到云大。早年在根据地的时候，我先后在抗日完小、干部中学和北方大学学习，在部队一直从事组织工作，所以到了学校又干起了老本行，担任云大人事处处长，杨黎源当时是我的领导。来到云大之后，结识了这些老同志，结下了深厚的情谊。这张照片里的好多人都去世了，健在的很少。拍完这张照片之后，和一部分人也渐渐失去了联系。20世纪80年代我离休了，后来杨黎源也得了心脏病走了。我们这批老同志所剩无几，我的身体还算硬朗，近90岁了，没什么大毛病，就希望云大越来越好，学生越来越优秀！

（口述：李建平　执笔：赵珍涛　孙雪迪）

我校改革开放后引进的第一批外教

朝　晖

20世纪八十年代初，改革开放后，我校引进的第一批国外教师（外教）是外语系的美籍教师布什夫人和她的儿子。母子俩在外语系工作好多年，教学效果比较好，尤其是英语口语教学，对学生的帮助提高比较大。

布什母子到云大还得从徐嘉文通过新华社发往美国的一组六幅照片说

云南大学外籍教师布什母子在与学生热情交谈。

起。

改革开放，学校要走出去，需要加大宣传力度。《云南大学今昔》这组照片简略介绍了云大六十年来的变迁。六幅照片分别为：会泽楼、图书馆（怀周楼）、朱彦丞、曲仲湘、方国瑜和赵雁来。布什母子看到照片和文字介绍，对中国西南边疆贫困落后的地方居然还有这样的大学深感惊讶。出于好奇和闯闯看的心理，他们来到了云南大学。四个多月后，我到外语系采访，因为是课间休息，有许多学生围着母子俩问这问那。我问她对于在云大教学、生活中有何感受？她回答说，学生太热情、太可爱、太好学上进了，累是必然的，但很值得。她的儿子与学生年龄相仿、兴趣爱好相似、相处融洽。后来一组题为《外教在云大》的照片在美洲、亚洲、欧洲的十多个国家的报刊上刊登出来，逐渐地，法国、英国、俄国、日本、加拿大、泰国等国的外籍老师和留学生相继来到云大。

布什母子每逢假期就外出旅游，拍了许多照片，画了很多画，写了不少文章向外宣传云大。高兴的时候，他俩在他们母子住的房子里、客厅的墙上也作画。她对云南大学很有感情，曾回云大探访。当时原校办主任胡兴仕、外办的杨定安接待了她。

葫芦之子
——法学家屈野传奇

张　勇

“传说远古时期，大水淹没了大地，在大水中漂流着一个大葫芦，其中传出热闹的笑声，是天神厄萨指派小米雀和老鼠打开了葫芦，里面走出一男一女，男的叫扎笛，女的叫娜笛，人类由此得以繁衍……”

这是拉祜族长篇史诗《牡帕密帕》中记载的、被拉祜人世代颂扬的传说。葫芦被拉祜族视为祖先源头、吉祥象征和崇仰之物，它记载了拉祜族祖先的苦难，赞美了拉祜人民与灾害相搏的顽强和勇敢，也铭刻着作为“葫芦之子”拉祜先民争取生存、追求幸福的智慧、勇气和信念。20世纪中叶，从滇西南部拉祜山乡走出一位勇敢的、足以让拉祜族自豪的葫芦之子，他就是现已年近八旬的著名法学家、云南大学法学教授，云南省高等院校优秀教师，全国第一个拉祜族教授屈野先生。

他曾受国际法哲学与法社会学协会总会（IVR）邀请，出席了在美国纽约世贸大厦及联合国总部召开的世界法理学研讨大会，并提交了论文《中国少数民族习惯法的影响》，与来自56个国家和地区的422位代表进行交流。1999年，中国法学会派出吉林大学张文显教授、中国人民大学孙国华教授和云南大学屈野教授组成中国法学会代表团，由于另两位代表因公务和身体状况未能出席大会，屈教授成了该次大会唯一的中国代表。屈野教授因长期从事法学教育与科研，为法学教育与科研事业发展做出了突出贡献。2003年，享受省政府特殊津贴待遇；2005年，获“科技耆英”称号。

涉险出山 坎坷求学

屈野先生1925年出生在全国拉祜族居民最集中的澜沧县的一个拉祜山寨。3岁那年，父母因病双亡。他唯一的亲人，一个未成年的哥哥，协助舅舅家做马帮商业生意，兄弟俩一起被舅舅和舅母照顾抚养长大。在县立乡村师范学校读书时，恰逢抗日战争，日军逼近中缅边境，学校停办，年仅17岁的他和周围一些青年，在中共地下党员、老游击战士李晓村的培训鼓动下，积极参加了抗日训练班等活动。后因日军在缅甸受阻，训练班暂停，应东主村里乡亲父老之邀，年轻志高的他，要求有上学读书的子女的家庭每家自带桌子板凳，就在一间简陋的茅草房里，创办了第一所村小，朗朗读书声开始响起，他自己是该小学的首任校长，也是唯一的老师。中华人民共和国成立后，该小学逐步发展为完全中心小学。前些年，他还和一位台湾爱国同胞，为该小学设立了“屈野教授、李书祥先生奖学基金”。

失学去教小学的他，把多读点书为家乡、为民族复兴做贡献作为奋斗目标，从而把目光从既无初中更无高中的山乡投向了山外。他常独坐村头吹笛，遥望孔明山，背靠高峰罐，痴想着自己能在山外找到神奇的“葫芦”，以改变家乡贫困的面貌。17岁时，他终于坐不住了，他邀约村里的五个小伙子，赶着一匹驮行李的骡子，在吴静山老师（大理下关人）的带领下，踏上了马帮羊肠路，跋涉千里，准备从中缅边境绕道经芒市坝上滇缅公路去昆明求学。据一些路遇的老人说：“芒市坝子就是劲鸟也飞不过的地方，要去芒市坝，先把老婆嫁，瘴气打摆子死人不少哟。”在这种情况下，带队老师和伙伴们反复沉思，听从了老人们的劝告，中途返回。

然而，他决心奔出山沟到省城昆明求学的志向没有变。第二年，他和另外一些伙伴们又出发了，他们希望通过边疆少数民族亲戚土著官的关系，再步行到西双版纳勐海县去找门路，盼能乘驻防当地的“飞虎队”在勐海开辟的军用小飞机去昆明。他们走了5天，途中夜宿强盗出没的险地“大黑山”，他说“是幸运的菩萨保佑免了难”，终于到了勐海。可他们不但被拒绝乘机，还差点被国民党士兵以及“大黑山”强盗洗劫杀害。二次出山的结果又只能是无奈回乡。

1944年底，20岁的他结婚了，可他的山外求学梦更加强烈，恰巧遇到一个先从家乡到昆明上学，后在美军“飞虎队”中担任翻译官的老乡刘远东先生回家探亲，他便毅然告别已怀孕的妻子，和刘远东先生一起跟着河西、通海的马帮商人，走上了第三次更为艰难的求学路。一路上沿着马帮的坎坷路，早起徒步赶路，夜晚宿于店栈或马路旁，还要随时担心遭路

1964年1月，屈野教授调到云大时和家人的合影。

盗抢劫；在趟过雨季一条条河水猛涨水齐腰深的河流时，不得不紧拉着马尾巴，借助马力以免被湍急的河水冲走。到澜沧江畔时，大江上无桥，恰遇大江洪水猛涨，马帮老板不敢冒险要求"猪槽船"船夫抢渡，只能在大江边等候洪水稍落，并由马帮老板征得船夫同意，出高价抢渡。人与骡马踏入"猪槽船"，由多个船夫用长绳把空船拉到离渡口相当高的位置，人马一起进入船内，一小船一小船从江边划到数百米高位，斜斜驶向对面江岸，从糯扎渡口颠簸摇晃过江。风餐露宿21天后，马蹄终于踏进了通海县。这时候，他和刘远东先生才松了一口气。他们兴奋地爬上拥挤的杂货汽车，揣着对学习的梦想，满怀着对求学的渴望，飞快地向昆明驶去……

梦寐进京　秘履险道

到昆明时，抗战刚胜利，他埋头苦读一学期，考上了五华中学，毕业后又考入五华学院外语系（后并入云大外语系）。此时，昆明民主运动风起云涌，热血沸腾的他也投身到反饥饿反迫害的学生运动中。当时虽然在泰国做生意的哥哥给他经济资助，但在面临遭饥饿和受迫害的大环境下，他也无法安心读书，他曾受李晓村（1928年就入党的中共地下党员）等的影响，向往过延安，但他更向往文化名城北平。他在攻读外语专业的同时，心已飞向了刚刚解放的北平。他和同乡学友敖文澜（后曾任抗美援朝飞行大队长）相约，立志要到北平考入革命大学。大陆西南地区因打仗封锁走不通，他俩得到一些老乡和同学的帮助，躲过国民政府的种种盘查，借口到香港读书，侥幸秘密奔抵香港，准备由香港乘海船去北平。在香港，他们一时买不到船票，"弹尽粮绝"困守6天后，终于乘上了实际秘密开往塘沽但挂牌是去韩国仁川的轮船（荷兰船，据知该船有中共地下党员和民主人士）。因囊中羞涩，他俩只能坐在货仓底层的铁板上，以铁板为床，他还常因晕船而不能进食。冒着国民党势力在沿海突袭拦截的危险，海船绕道台湾海峡，漂流在黄海与渤海上，整整10个昼夜，终于到了天津塘沽。喜出望外的他和敖文澜又乘上“毛泽东号”火车，在汽笛长鸣声中，终于到了梦中向往的北平。

在北平，他俩都得到全国学联的支持，考入了刘澜涛任校长的华北人民革命大学，并在天安门前参与新中国开国大典，后转入谢觉哉任校长的中国政法大学，与后来成为著名法学家的巫昌桢、孙国华等人为同学。1950年初，中国政法大学与华北大学合并成立吴玉章任校长的中国人民大学，他俩都成为人民大学法律系的首届本科学生，在来自革命根据地延安的干部与莫斯科大学、朝阳大学等专家教授们的培养下，成为新中国第一批马克思主义法学专业的青年。他畅游在学海之中，如同历尽艰辛找到神奇“葫芦”后获得新生一般。

豪情满怀　不辱使命

从华北革大到中国政法大学，再到中国人民大学法律系，他经受了五年革命熔炉的锻炼后毕业。1954年被分配到西南政法学院（后为西南政法大学）任教，主要从事民法学、法理学等课程的教学与科研，他意气风发走上三尺讲台，期待着一展抱负。

然而，命运注定要让他经受更多的苦难，他续1950年之愿，再次十分虔诚地申请入党，但由于所谓有“海外关系”而再一次不了了之……这都是因为他有一个身居境外属国民党军残部的哥哥。

中华人民共和国成立初期，一小支国民党军队逃到缅甸，长期盘踞在中缅边境附近，对滇西南地区的安全构成威胁。他的胞兄屈鸿斋于1948年自由跨中缅未定界国境，到缅甸境内永恩地区做马帮商业生意，后与缅甸永恩土著官家达伦的女儿在商业交往中结婚。土著官家较有权势，后又受到败退至缅甸的国民党残余部队的利用与控制，以及他对1951年国内家乡爱国人士、自己的岳父黄道能先生遭错误处理的不理解等诸多复杂原因，他担任了国民党军残部中的支队司令。1953年，屈鸿斋连同原有全部妻室儿女及有关亲友数十人，被从泰国送去“台湾”，屈鸿斋受训整五年后，1959年被派回中缅边界永恩地区（缅甸境内），被任命为国民党残军的师长，对这股残军的影响举足轻重。屈野与胞兄虽分别十多年，但兄弟情谊自小非常深厚，他当年四处求学，经济上曾得到当时还是商人的哥哥的大力资助。由于他们有这层特殊关系，国家有关部门同志特地于1959年千里迢迢专程赴重庆找到了他，希望他能做其哥哥的争取与统战工作，让其不再受国民党利用，不与国家为敌，或者弃暗投明回归祖国，或者率部队远离中缅边境。他毫不犹豫地接受了这项任务；能为国家做贡献，由衷地感到高兴，并明确诚恳表示：“只要工作需要，随时待命配合。”他满怀豪情，按照国家有关部门要求，提笔写了既诚恳叙述兄弟之情，也坦率讲解国内国际有关形势及国家有关政策等的八千多字的一封长信，该信连续了哥哥与弟弟的血脉之情，由此建立信任感。此后每次都通过国家有关部门由家乡亲戚冒着生命危险，秘密到缅甸将书信送交他哥哥，而哥哥也回信问候弟弟全家，并表示对弟弟在大学任教有好感。不仅如此，他还多次奉命，不远千里乘坐汽车、火车，转换十多次交通工具，路经天险七十二道拐回到云南，甚至还冒着生命危险往返情况复杂的边陲地区，通过写信、指派亲人传信等办法，与哥哥取得联系，或明或暗表示要哥哥设法脱离国民党军残部的利用和控制。

无名功臣　为国奉献

在那“以阶级斗争为纲”的年代，受林彪、“四人帮”迫害压制的人多矣，为国家立下不朽功勋却蒙冤者不少，但蒙冤期间仍无怨无悔地继续为国立功者不多，有功勋但长期只能压在心底而不能诉说实情以求申冤者，则更少更不易！

他就是最后一种人。

为了便于对境外残军开展这项秘密统战工作，1963年，国家有关部门下调令将他从西南政法学院调到云南大学政治系执教（当时没有法律系）。从此他和哥哥的秘密书信联系更为密切，他还把最能打动人心的一家五口形象最佳的照片，通过国家有关部门秘密送到哥哥手中。在国家有关部门领导下，他尽心尽力的劝说工作卓有成效，其兄长的部队长期没有骚扰中缅边境。随着国内和缅甸形式的不断好转，屈鸿斋率部队于1972年从原国民党残军盘踞的大本营永恩地区撤军，并逐步解散了部队，与国民党脱离关系后到泰国定居，成为爱国守法的华侨，为彻底解决缅甸国民党残军问题，恢复中缅边境的和平安宁起到了非常重要的作用。而他在其中功不可没。

由于工作性质和当时极“左”的政治环境，他为国家所做的这一切，在长达30多年的时间里他都只能默默地埋在心底。因为有哥哥这层海外关系，他遭到压制和歧视长达20多年，在“文化大革命”期间长期受迫害，甚至多少次受到殴打和辱骂，他都没有因为要解脱自己而说出实情，因为一位了解其秘密工作的有关领导曾经告诉他：“打死也不能说！”

直到“文化大革命”结束，他才终于随着政策落实，逐步恢复了名誉，重新走上讲台。他1950年申请入党，直到1984年才终于加入了中国共产党。在办出国护照极为困难的情况下，他获省政府侨办关注，由国务院侨办出面，为他和妻子、女儿破例办理了护照，让他们去泰国清迈、金三角等地与分别40多年的哥哥相聚，此时他的哥哥已是78岁的老人，两兄弟久别重逢，百感交集……

夫妻情深　同甘共苦

当年在拉祜山寨，夫妻结婚刚6个月，他就告别了已怀孕的妻子，跋山涉水到省城求学，他俩都没想到这一分别就是10年，其间从未晤面。

1945年，他从家乡先后到昆明和北京求学（共9年）期间，与妻子都仅有书信联系。当时，周围与结发妻子离婚并与城里姑娘结婚的人很多，他就读的人民大学里漂亮女同学也不少，可他一直埋头读书，心里仍挂念着万里之外的妻子。1950年，听闻受特邀的家乡民族代表李保、李晓村、刘远东、张石庵、张鸿兴等人士到北京参加首次国庆大典，他向人民大学有关组织领导请假，找到代表团打听妻子的情况。在得知妻子领着孩子进学堂读书识字，仍在等着他时，他不禁潸然泪下，通过代表团老乡的帮助，他终于和妻子取得了联系。1955年，他的妻子成为当地知名的带着4岁孩子读完高小的妇女（以前没有机会上学读书）。同年9月，有关组织将其妻子和孩子照顾到西南政法学院，一家人终于团聚了！

重庆连续三年遇严重自然灾害，他先后十二指肠溃疡大出血，成为当地首例严重水肿病患者。在皮包骨的日子里，在受极“左”路线困扰和“文化大革命”迫害的岁月里，妻子都无怨无悔地陪伴着他，给了他无限慰藉。她以自己在转正前做临时工每月挣得的30多元与丈夫60多元的工资，支撑着五口之家的生活，即使后来因受丈夫连累而被下放到昭通一个偏僻的山村长期劳动，她也从未想过离开自己深爱的丈夫。

他曾对记者感慨：“这几十年有她与我同甘共苦，相互鼓励、支持和帮助，我和我的家庭才能支撑到今天！”

学术创新　硕果广深

因工作需要，按政策由上级主管部门特批，他在职到65岁，于1991年批准离休。但他离而不休，继续受聘，先后在云南大学、云南民族学院、云南工业大学、云南师范大学等院校及有关省市机关讲授法理学、行政法学、行政诉讼法学、刑法学、老年法以及法学概论等课程，同时担任特邀律师，并从事多学科领域的科研工作，至今仍孜孜不倦。作为云南法学界唯一一位离休教授，云南大学法学院的师生都忘不了他。

1978年，政通人和，百废俱兴。他奉命负责恢复已停办26年之久的云南大学法律系招生筹建工作，当时整个云南大学出身于法律科班的老师仅他一人。面临无法学师资和教材的挑战，年已五旬的他满腔热情地投入到筹建工作中，他奔走在全省各有关部门间，寻访分散在各州、县的法律专业人才，经筹备组共同努力，终于物色到10多名以西南政法学院毕业生为主的人才到云大法律系任教，这才基本解决了师资问题。他还多方面与全国有关政法院校系联系，争取获得师资培训、教材等方面的支持。自己也带头编写法学教材，并交叉使用自编与统编教材。他写的法理学讲义深受学生们的欢迎。1979年以前，全国各高等政法院校法律系开设的法理学课程，叫作《国家与法权理论》，用的是苏联莫斯科大学的翻译教材，这实际上是在讲授国家与法合二为一的理论，他率先在全国编写了第一本《马克思主义法学基本原理讲义》，并向全国兄弟校系交流，在云大政治系开设法学讲座，将国家理论与法学理论体系结构区分开来，这对当时中国的法理学研究是重大突破。在此基础上形成了他主编的《法学基础理论概论》，这是云大法律系恢复招生后正式出版的第一种教材，也是云南法学界首次载入《中国法学著作大词典》的专著。

此后10多年里，在法学师资欠缺、任务繁重的日子里，身为云大法律系副主任的他，特别注重团结其他同志，潜心从事教学与科研，注重该系的基础建设。刚恢复招生的法律系，1981年仅招收学生100人，至1991年他离休时，全系已经发展到2个专业600多名在校学生，为此后法律系和法学院的发展奠定了基石。此外他还承担了云南全省的法律专业自学考试中的命题、审题、阅卷与复查等工作。

他在担任助教、讲师、副教授、教授期间，每年都超额完成任务，在从事政治教育的同时，也不断在法学研究的海洋里拓宽领域，探索创新。他是国际法哲学与法社会学协会（IVR）中国分会会员，中国国际名人协会会员，中国法学会法理研究会首、二届理事，云南高级律师技术职务总评委首、二届评委，云南省自学考试委员会首届委员，云南省政协第四到第六届法工委委员，西南政法学院87、88届法理学硕士论文评委及答辩委员会主席，云南省专家协会会员，云南拉祜族研究委员会副主任，云南省人民政协老龄工作委员会关于修改《云南省老年人权益保障条例》专家组成员，并承担条文起草与论证工作。他常说："为国家建设做奉献是无止境的，其乐也是无穷的。"他撰写、主编、合著的书和教材有20多种，其中的《法学基础理论概述》《中国法理学教学与研究》《从人治走向法制的转型》《云南省老年人权益保障条例释义》《行政诉讼法概论》等著作，在法学领域具有开创、独到和领先的学术地位。前述他撰稿、云南省老龄委主编的《云南省老年人权益保障条例释义》，作为对地方性法规写释义的书，在全国法学界属首创。出版后，曾加印八万余册，向全国30多个省、自治区、直辖市的老龄工作做系统交流，也是多年来云南全省培训老龄干部采用的教材，深受好评；他主编的《行政诉讼法概论》，陈列在美国纽约哥伦比亚大学中美法律研究中心阅览室。他曾由中国法学会派出，出席在美国纽约举办的世界IVR法理学研讨大会，并提交论文。出席这种规模大、层次高的国际法理学研讨大会，在云南法学界尚属首次，在全国法理学界，自1989年经国务院批准成立IVR中国分会以来也仅属第三次。他在省内外有关报刊、丛书发表文章130多篇，多篇载入《新华文摘》《法学研究》《中国人民大学复印报刊资料》《全国高等学校文科学报文摘》《中国教育家论文经典》《中国改革成果通报》《跨世纪改革发展战略》《十四大以来中国改革发展的理论与实践》《世界学术文库》《中国法学著作大词典》等全国性、具有国际影响的杂志、刊物和丛书。获教学与科研省部级以上奖7项。其业绩先后收入《中国少数民族名人录》《中国著作家大辞典》《世界名人辞典》等多种辞书。

也许经历的艰难愈多，也就愈能使人感到人与人之间真情的可贵。数十年来，屈野教授培养了许多法学人才，得到过他无私指导和帮助的人更是难以计数。当今著名法学家梁慧星先生，20世纪六七十年代落难昆明时都得到过屈野教授的无私帮助。

虽然有着诸多头衔，可是屈野教授似乎早已忘记了这些成就和头衔。年已80多岁的他正在埋头整理、撰写出版一套五卷本的《屈野法学著作选集》系列法学专著。其中除了《中国法理学教学研究》及《从人治走向法治的转型》两部之外，还有《拉祜族习惯法调查研究》《老年人权益法保障解读》和《法学入门提要》等三部将相继出版。为完成《拉祜族习惯法调查与研究》课题的任务，他曾深入思茅（今普洱）、临沧、红河、玉溪等地区的澜沧、金平、双江、耿马、镇沅、新平、孟连、勐海、景谷、临沧等数十个县乡村的拉祜族聚居区考察，以获得大量访谈、影像等第一手资料。为了云南和祖国法学事业的发展，他离休后仍坚持工作，似乎永远也不知道疲倦。

屈野教授有一头美丽的白发，那光滑且坚韧的银丝，记载着他的成果，记载着他的功勋，记载着他的爱情，记载着葫芦之子的坚强，记载着拉祜族第一个教授的一生传奇。

（原刊载于《云南法制报》）

“三派鼎力”的生物系

北　辰

云南大学生物系在上世纪五十年代以后为何那么出名、有影响力？因为有大师！还有一个原因是生物系中的“法瑞学派”“美英学派”“苏联学派”三派“鼎立”。三派之间互相不排斥、不对立，而是相互敬重、相互学习、相得益彰，共生、共荣、共同发展。云大党委书记高治国三十年

朱彦丞先生（中）和金振洲教授（左）、周乐福副教授（右）研究云南植被。

后高兴地回忆说："这才叫百家争鸣哪！"

"法瑞学派"的传人在云大！这是一次国际学术会议上某学者提出来的。的确如此，朱彦丞先生上个世纪三十至四十年代，在法国留学13年，师从"法瑞学派"大师布朗·布朗，并在他的指导下获得博士学位。朱彦丞先生的《法国地中海低海拔地区沿河森林的生态地植物群落的研究》一文，被誉为法瑞学派的代表作之一，在学术界有广泛影响。布朗·布朗十分器重这位来自中国的弟子，拟由其负责地中海地植物工作站的任务，然而因朱彦丞先生归国心切而作罢。

朱彦丞先生在四十年代中期回国。先在北平中法大学生物系、北平研究院任职，后因出任"北平静生生物研究所云南工作站"站长，来到昆明；接着又被云南大学聘为生物系教授。朱先生潜心致力于他的研究，足迹遍布祖国大江南北，其主编的《中国植被》《云南植被》等巨著，是他

曲仲湘先生（中）在给研究生周鸿（左）和杨树华（右）上课。

的知识、智慧和血汗的结晶。曾先后获得国家自然科学和云南省科技进步一等奖。六十年代，罗马尼亚科学代表团访问云南，一下飞机就问，有没有朱彦丞这个人，他是“法瑞学派”知名人物之一，在国际上很有影响。当得知这位“法瑞学派”的传人就在云南大学时，该代表团特地访问了云大并拜访了朱彦丞先生。

五十年代中期，国家支援云南边疆建设的重点之一就是建设云南大学生物系。高教部从上海复旦大学调曲仲湘教授到云大生物系。曲先生的夫人钱澄宇教授和助手姜汉侨、金振洲、吴玉树等五人也先后到达，为生物系增添了新生力量。因曲仲湘教授是从美国留学回国，“美英学派”的名声不胫而走。同一时期，苏联专家也到了云南大学，在教学、科研、管理等方面，他们依然沿用固有模式。至此，“法瑞学派”“美英学派”和“苏联学派”三个学派在云南大学生物系自然形成。世界有名的三大学派在云南大学共生共融、互相学习、互相尊重、互相促进，生物系得到迅速发展。三个学派深深扎根于云大生物系，并影响至今。

他在法国取得两个博士学位

支　点

陶元器，1962年从云南大学化学系有机合成专业毕业后留校任教。1978年通过国内出国进修生考试。1980年初公派进入巴黎女子高等师范学校理论化学实验室进修量子有机化学。经过近两年的刻苦努力，于1981年11月底取得了第三阶段博士学位，完成了到法国进修三年的学习任务。由于他所研究的课题还需进一步深化，更主要的是他刻苦钻研的精神深受校方赏识，主动提出赞助他继续在法国进行研究。经有关部门的批准，陶元器留在法国深造。1983年5月，他获得法国国家博士学位。从第三阶段博士到国家博士，即使是法国人一般也要经过四五年甚至更长时间才能完成，但是陶元器只用了一年半的时间。在这么短的时间里，取得如此优异的成绩，这让学校、导师及评委都感到惊讶！通过论文答辩后，论文答辩评审委员会主席、国际量子生物学会主席、法国科学院院士普尔曼教授、巴黎女子高等师范学校校长塞尔夫人向陶元器表示祝贺。

从1980年到1983年5月，三年半的时间，陶元器在法国取得了两个博士学位。他说："时间是一个常数，一个人的精力也是有限的。在法国三年多的时间里，我把主要时间和精力都用在学习上了。党和国家送我们出国是很不容易的，我们在国外一定要争取时间，多学习些东西。"假期和娱乐几乎与他无缘。别人度假去了，他在工作和学习；晚上，别人下班了，他又钻进了实验室。每天工作、学习、实验十多个小时。不花这么多时间，怎么过得了那么多关卡呢？首先是语言关，过去学的是俄语，现在学法语，一切得从头开始。学习的专业也变了，从有机合成专业变成了量子化学专业，隔行如隔山啊。高等数学、量子力学、电子计算机等等都得硬着头皮去啃。还有，当时他已四十出头了，记忆力也没有年轻时候好了。有意思的是，面对这一切，陶元器充满自信，也很潇洒和乐观，“一切从头来”！果然，他不负众望，闯出了一片天，也书写了一段辉煌，为祖国、为学校争了光。

（图片资料由陶元器教授提供）

陶元器法国国家博士论文答辩会现场。

1981年11月10日，陶元器通过第三阶段博士论文答辩后，论文评判委员会主席（右二）、陶元器的导师伯尔第也主任研究员（左二）等人向陶元器表示祝贺。

1981年11月10日，陶元器通过第三阶段博士论文答辩后，答辩委员会主席、国际量子生物学会主席、法国科学院院士普尔曼教授（右二），陶元器的导师伯尔第也主任研究员（右一），巴黎女子高等师范学校校长塞尔夫人（左一）等向陶元器表示祝贺。

1980年6月，邓颖超（第二排左五）副委员长率中国人大代表团访问法国，在巴黎中国大使馆接见我国留学生、进修生，鼓励大家勤奋学习，以优异的成绩回报祖国。陶元器为第四排右起第一人。

陶元器（右三）与部分留学生和华侨合影留念。

陶元器在法国巴黎埃菲尔铁塔下留影。

通古今之变　成一家之言

林超民　徐嘉文

我国著名史学家、教育家，云南大学历史系的李埏教授，潜心研究中国封建经济史，对其中若干重要问题做过深入探讨，提出了不少新见解，是一位"通古今之变，成一家之言"的经济史学家。

1940年，李埏获学士学位时留影。

李埏教授是中国封建土地国有制研究的主要倡导者之一。在中国古史分期问题上，他又是"西周封建论"的重要代表之一。他关于中国古代农村公社的论证，把马克思的学说和中国历史结合起来，颇受赞誉。在中国庄园制的研究上他独树一帜。他认为在封建社会里，商品经济始终是一个进步的因素，而商品经济对于社会主义的经济发展也是必不可少的，这显示了他的预见性与探求真理的勇敢精神。他在我国的货币史，尤其是两宋纸币史的研究中做出了超越前人、启迪后者的贡献。

李埏教授在经济史研究方面的见解主要表现在他的专著《中国封建经济史论集》中，该书在国内外产生了重大影响，荣获中国教育研究会西南

李埏工作时留影。

李埏精心指导博士生，左一为林文勋。

优秀图书奖。他撰写的《唐宋经济史》《宋代史稿》《唐宋社会的等级分析》等教材，在中国经济史园地中独具特色。1982年他创建了国内第一个封建经济史研究室。

李埏教授是云南路南县人。小学和中学时学习成绩出色，1935年以优异成绩通过云南教育厅的选拔考试，被保送到北京师范大学历史系学习。1937年“卢沟桥事变”后南归，在云南大学历史系借读，师从著名史学家钱穆、吴晗教授等。后到迁至贵州的浙江大学做张荫麟教授的研究生，在张荫麟指导下研究宋代楮币史，写了《北宋楮币起源考》《宋代四川交子兑界考》《宋代交子发展史》等论文，经吴晗、张荫麟介绍加入中国史学研究会，成为该会仅有的两个学生会员之一。1943年应云大之邀，来校讲授“中国通史”“宋史”和“唐宋经济”等课程。

李埏与著名史学家侯外庐（右）在一起。

李埏先生是唐宋经济史的博士生导师，培养了吴松、武建国、林文勋和李槐等一批博士研究生。他在史学界有较高的学术地位，先后担任中国经济史学会顾问、省文史资料委员会副主任、云南大学学术委员会副主任。还兼任陕西师范大学唐史研究所研究员、贵州民族大学教授、云南省社会科学院历史研究所名誉所长等职。

1990年，李埏（左）在英国与著名的中国科技史专家李约瑟（右）合影。

杨桂宫的“三板斧”和“三驾马车”

张墨云子

杨桂宫副校长为云南大学的教学和科研工作做出过很大贡献。第一件是以他为首的“原子核物理”专业的建设，第二件是高能宇宙射线的研究及建设，第三件是地球物理系的成立。这些都具有国内和国际性的影响力。此外还有陈尔刚教授的“电子显微镜”的研制；李德修教授的金属物

杨桂宫（中）与周文德（右）、木钧（左）在研究工作。

理中的金相、金须研究；彭守礼教授的“混沌理论”研究。为此，他不遗余力，四处奔波，立项目、要经费，从教育厅、科委直至省领导，苦口婆心，有时连节假日都搭上。为的就是使云大的教学科研跟上时代的步伐。

上世纪五六十年代，云南大学有影响的，是数学、物理、化学、中文和历史五个系。物理系就有“三驾马车”。杨桂宫为第一驾，负责全系的管理。第二驾是张永立，负责全系的科学研究。张永立可非等闲之辈。原来是贵州大学理学院院长，理论物理的权威。他在比利时留学期间提出了“宇宙射线的锥体理论”，是这一理论的创始人，在国内外有较大影响。相应地在这一领域里形成了研究团队，木钧、周仁铭、周文德、高晓宇、和仁道等一批后起之秀不断涌现。第三驾马车是管教学的顾建中教授，身先士卒，一丝不苟。这位北师大毕业的高材生是贵州人。他的名言是：“士为知己者死！”。熊庆来校长招他到云大，他在工作中任劳任怨，毫无怨言，当过省劳动模范、优秀教师。顾先生的专著《普通物理学》教材，获得全国优秀教材二等奖，是全国高等学校通用教材。

杨桂宫副校长在任期间，实现了他的人生预期目标，知人善任，培养了一批批优秀人才。

六十年代云大外语系印象

刘 红

云南大学外语系全体教工与1964届毕业生在物理馆前合影。

云南大学外语系全体教工和1964届毕业生在老图书馆（怀周楼）前合影。

数学系培养出四位大学校长

零　度

1985年5月19日，美籍华人、国际著名数学家陈省身教授应邀到我校讲学。陈省身对现代微分几何做出过重大贡献。他著的《示性类》被命名为“陈（省身）类”，被国际数学界誉为数学大师。陈省身于1936年

陈省身先生为云南大学题词：“二十年后的数学大国的大省”。图中从右至左为陈省身、杨光俊、卫念祖、王学仁。

在德国获博士学位，先后在清华大学、西南联大任教。后赴美国，在普林斯顿、芝加哥大学任教，1964年任美国数学学会副会长，曾获得美、英、法、意等国科学院院士称号，是与欧拉、高斯、黎曼和嘉当等人齐名的世界著名数学家。当年陈先生在西南联大时，曾在云大任教。1985年的到访，更增加了他对云大的了解。在一次学术报告之余，他很高兴，即兴为云南大学题词：“二十年后数学大国的大省”，表达了他对云南和云大的厚望。如此高看，让在座的卫念祖教授、王学仁教授、杨光俊教授和师生惊讶，感到诚惶诚恐。在回答记者提问时，他不加思索地说：“着眼未来，永不停步！”

算得精准！知云大者，陈省身也！当时，数学系出身的杨光俊教授时任校长，紧接着王学仁教授接替杨光俊担任校长。中国人俗话说：再一，

陈省身先生在北院综合楼（北学楼）一楼与教师合影留念。从左至右为卫念祖、杨光俊、陈省身、王学仁、金宗佑。

再二，不可再三。哪知，后来从数学系出身的朱维华教授接替王学仁又当上云大校长。一而再，再而三，一连三届的云大校长都出自数学系。与杨光俊、王学仁、朱维华同一时期的还有昆明大学校长陶琨教授，他也出自云南大学数学系。在十至二十年间，云南大学数学系就连续不断地涌现出四位大学校长，真的让人惊叹。

我曾经两次请教过卫念祖先生云南大学数学系为何一下成了“校长的摇篮”。多年担任数学系系主任的卫先生哈哈一笑说：“未曾思考过”。

陈省身先生曾两次到云大。第二次到云大时，我也曾请教“二十年后数学大国的大省”如何理解？陈先生可能因人多事多，未及详述。

云南大学数学系曾经为何如此辉煌，至今仍是一个谜。

高治国校长的两篇文章和两个“五十一”

朝　晖

20世纪60年代初，高治国到云大的最初三个月，他不在大会上作报告、讲话。他到教室里听课、进宿舍拉家常、上食堂看伙食、检查校园环境卫生，有时还会跟老师和学生下棋、打牌、打网球，渐渐融入大学生

高治国校长（右一）与方国瑜教授（右三）在一起交谈，双方很激动、很高兴，似有说不完的话。

活。他了解教师、学生的思想，能摸到学校中的症结之所在。他践行着“种田要问问农民，做工要问问工人，打仗要问问士兵，叫我管学校，当然要问问知识分子”的真知灼见。不久，他的两篇著名的文章在《光明日报》发表了。一篇是《学校必须以教学为中心》，一篇是《办好学校必须调动教师的积极性》。两篇文章在拨乱反正、尊师重教方面与南京大学匡亚明校长的相关论文并列于全国一流媒体，引起了高教部的重视。在制定《全国重点高等学校指导工作条例》，即“高校六十条”时，特邀高治国校长参加。该条例本来只在高教部直属院校试行，却把云南大学也列为试行学校。云大由此名声大震，被称为进入了“第二个黄金时代”。

高治国在云大办学，他提倡的以教学为中心的做法和尊师重教的观念是出了名的。他的“依靠两个‘五十一’：即五十一个教授副教授，五十一个老讲师”提得精准、朴实、实在，也让人吃惊。吃惊之余，看到、见到的是他拜师求学、拜师求教。他“像海绵那样吸取知识”。数理化、文史哲他都涉猎。他通读了《资治通鉴》《说文解字》，并请人辅导。他与学校很多教师，既是领导与被领导的关系，同时也保持着师生关系，深受师生的喜爱与尊敬。

张其濬先生的终生遗憾

云　子

张其濬教授是物理系的元老，也是云南大学的元老。曾留学法国，后到北师大、武大等六所大学任教，1945年被熊庆来校长聘到云大。他曾担任物理系系主任、理学院院长、副教务长等职。

张其濬教授晚年只做一件事，汉字信息处理。他用了很多时间研制“汉字自动铸字排字机”，由于能量控制和理论上的问题被搁置，随后改为研究“汉字编码信息处理”，将汉字编码输入计算机。当时，美、日等国也在研究。张其濬教授咬牙发誓，汉字是中国几千年的精粹，必须由中国人把编码研究出来！为此，他查阅了《辞海》《辞源》《现代汉语词典》《新华字典》和《四角号码字典》等有关汉语语言的书籍。第一本《新华字典》翻烂了，第二本也快报销。在其助手林恩慈教授的全力辅助下，他完成了“汉字编码信息处理系统”。1979年他们研制成功的“汉字信息处理输入系统的途径”获云南省革命委员会、云南省省委颁发的三等奖。1982年，张其濬和林恩慈共同研究的“汉字字形三元三体代码法”获云南省科技成果二等奖。

“汉字编码信息处理系统”完成后，由于经费和计算机技术力量不足的原因，项目无法深入下去。张其濬教授无可奈何，只好求助于蔡元培先生的孙子。蔡先生把求助信交给邓小平，促成了“中国首届汉字编码信息处理研讨会”在青岛召开。据参加会议的林恩慈教授回忆，会议变成

张其濬先生（左）与林恩慈教授在研究汉字编码信息技术。

了“赶集”，而“赶集”的商品（货物）只有唯一一个，那就是“汉字编码”。参加会议的单位上百个，人员更是鱼龙混杂。有中科院的，有北京、山东、广东、四川、东北及上海一些高校的，有科研单位的，有搞计算机的、搞文字的、搞印刷的，有工人、农民，还有不少商人和“间谍”，七七八八几百人。热闹倒是热闹，但把成果拿到会上交流的也仅两三家，有的还不靠谱，而能形成文字、打印成册的，仅有云南大学一家。云南大学张其濬教授把几十年辛辛苦苦研究的成果和盘托出。这套方案以字形编码为基础，只需64个电键，就可以处理8000多个汉字，只需按3个电键，即可输入一个字。省时、直观、简单、掌握使用快，见字就可以识码，属于全国最先进的第一个方案。不到两天功夫，“李某某汉字编码”“杨某某汉字编码”像雨后春笋一样在会上冒出来，而张先生的汉字编码在计算机处理上显得落伍，没有了声响。这种变化，是张先生和林恩慈始料未及的，只能哑巴吃黄连，有苦说不出。唯一可安慰的是《光明日报》在报道这次会议时，采访了张先生，对张先生在汉字编码方法、汉字编码信息处理前期所做的贡献，说了一些公道话。全国领先的汉字编码新思路，全国第一个汉字编码新方法，没啦！拿着金饭碗，讨不到金子。自己设计出来的“金点子”，转眼变成了别人的方法。这不仅仅是张其濬先生的终身遗憾，更值得后人深深地反思！

美籍微波量子物理学家任之恭到我校讲学

徐嘉文　张　墨

著名微波量子物理学家任之恭教授（1906—1995），山西沁源人。1926年于清华学校毕业后庚款留美。1931年获哈佛大学物理学博士学位。1934年至1946年回国，先后在清华大学、西南联合大学任教授，在清华大学任无线电研究所所长。其间，中国物理学会两届年会在我校至公堂召

任之恭在会泽院作学术报告。前排坐者为木钧教授，二排右一为张其濬教授，左一为冯竞教授。

开，其中一次任之恭参会，作了《无线电在国防建设中的应用》的学术报告，深得与会者的赞赏。

1946年他再次赴美。在美期间他提出微波与量子结合的理论，成为美国微波物理学界泰斗，担任霍普金斯大学应用物理研究中心顾问。

1972年时任华裔科学家访问团团长的任之恭教授来昆明，在云南大学作了《微波量子物理学》的学术报告，使听众大开眼界。1977年他的专著《微波量子物理学》由中国科学出版社用中文首次发行。

1982年11月18和19日，任之恭先生再次访问云南大学，在云南大学会泽院举行两场学术报告，精辟地阐述了他研究的微波量子物理学理论，并对学校的教学和科研提出了有前瞻性的建议，使与会者深受教育和启发。

任之恭先生还担任过成都科技大学顾问。在清华大学设立“任之恭奖”，奖励有较强动手能力、在实践方面有创新的老师和学生。

如沐春风

刘 红

普通物理教研室主任顾建中教授（左二）指导青年老师的情景。左一为物理系刘佩文老师，右一为物理系张仁勖老师，右二为物理系和建奎老师。

孜孜以求

刘　红

20世纪80年代初，云南大学无线电系张其濬教授（左二）、郑苏民系主任（右二）带领大家研究汉字处理技术，取得了可喜的成果。该成果曾被我国第五届全运会采用。左边立者为物理系林恩慈老师，右边立者为无线电系张懋洵老师，左一为无线电系刘红（照片提供者）。

由云大幼儿园的一张照片想到的

恪　悟

文中这张照片是寸树声、高治国、李广田和云大幼儿园的孩子们在一起的情形。照片中寸树声（左）（1896—1978），字雨洲，云南腾冲人。1918年至1932年寄寓日本留学，“九一八”事变后任国立北平法商学院副教授兼校长室秘书，1937年任西北联大法商学院经济系教授兼主任，1950年10月，担任云南大学临时校务委员会副主任兼经济系教授。1951年，周保中兼校长，寸树声任秘书长，1957年任副校长。李广田（右）（1906—1968），原名王锡爵，山东邹平县人，诗人、文学家、教育家。1952年至1959年先后任云南大学副校长、校长。在团结知识分子、提高教学质量、为国家培养人才方面，做了大量工作。“文化大革命”中被迫害致死，八年后，也就是1978年8月被平反昭雪。高治国（中）（1914—1998），字衡臣、建卿，山西五台县人。从1937年至1945年在部队任连政治指导员、政治部组织科长、团政委、旅副政委、师政委等，1949年—1958年任地委书记、电管局局长、部长助理、水利电力厅长，1960年调任云南大学党委书记兼校长。

1960年2月，高治国到云大任职，当时正值“教育大跃进”的汹涌潮流袭卷全国，他下车伊始，不开大会，不作报告，不听汇报，遇事不急于表态，而是“走村串寨”，接触群众（走进教室听课、去学生宿舍“观光”、到教师家里聊天、与师生打球唱歌，乃至饭厅、体育场都有他的足迹），成为大家的知心朋友。经过一番详查实研，陆续纠正了1958年以后学校存在的违反教育规律的各种失误。1961年4月和8月，高治国署名的《学校工作应以教学为中心》和《办好学校必须调动教师的积极性》两篇文章先后在《光明日报》发表，其中一篇被《人民日报》转载。教育部还专门邀请高治国出席讨论和制定《教育部直属高等学校暂行工作条例》（简称《高校60条》），并将云大作为《高校60条》的试点学校之一，大

高治国（中）、李广田（右）、寸树声（左）和云大幼儿园的老师、孩子们在一起。

大提高了云大在全国的影响和地位。

云大敢为天下先的两篇文章为20世纪60年代教育战线的拨乱反正拉开了序幕，在全国各地产生了很大影响。南京大学校长匡亚明曾专程来昆明向高治国求教取经。高治国说：“上山砍柴，我要先问一问樵夫；下海网鱼，我得向渔夫请教；进入文化教育阵地，就该拜知识分子为师了。”谈到治校的“战略方针”，高治国说：“先是良知和胆识，然后是学习、实践，再学习，再实践，不断总结，改革提高，持续上进。”短短一席话，言简意赅，不蔓不枝，蕴含朴实哲理，让人深受启迪。

金属物理专业组主任杨桂宫

阖　朗

李广田校长时期，非常重视理科教育的建设和发展，云南大学第一个重点学科专业就是于1955年成立的物理系金属物理专业（也称“金属物理专门化”）。由于是重点专业，教师的配备也围绕着“重 ”字考虑，安排的人力是比较强的：系主任杨桂宫领衔（亲自担任专业组主任），教学骨干顾建中、胡维菁等都是其中成员。这张照片是该专业的首届学生向任课教师献上一束鲜花，以表示对他们辛勤教诲的深切谢忱。

1949年9月，杨桂宫接到伦敦来信，同意他到剑桥大学留学，费用全部由联合国教科文组织提供，杨桂宫得知自己能作为访问学者公费出国深造，其发自内心的喜悦自然不必细说。

大约半年前，熊庆来告诉杨桂宫，拟在数月之后出国参加联合国教科文组织会议，此行除借机为云大争取一些图书、仪器经费外，也想帮助杨申请公费出国留学，要杨赶快抓紧时间，在半年内把“石英晶体压电效应”的论文拿出来，便于在开会过程中推荐。杨桂宫明白，要在短短数月内把石英压电效应的系列重要数据通过亲手实践一一萃取出来，然后再经过分析、验证、对比及应用甄别，最后写出论文，相当困难。当时的实验条件很差，而且他每天都有着繁重的教学任务，做压电效应实验就只能放在晚上进行。首先，他要把压电石英晶体切割成片，且切割时必须找准了释出压电信息的解理面才能进刀，若不能按解理面切割，就会成为废品。

那个时代，哪里有切割比一般石头还坚硬之石英的工具呢？杨桂宫开动脑筋，把普通的钢制锯片固定于十分简陋的夹架上，然后用自己的双手紧紧托住被全部浸没于盛有盐酸溶液木槽内的石英晶块，细心进行切割。这样做，切片效率低自然是意料中事，不仅接连几个晚上都难以获得一片较为规范的晶片，还要及时切切、量量，因为若是解理面没有切正，就会前功尽弃，而浸泡在盐酸里时间稍长，双手便会被辣得红痛，又得赶快抽出手来放在温水中中和，然后再重复那枯燥而棘手的托割操作。虽然有橡皮手套也不能连续使用，因为它会让手部肌肉的接触敏感性减弱。就这样，杨桂宫在会泽院一楼物理系实验室度过了无数个不眠之夜，克服了无数个困难，他的顽强毅力令人感佩！

金属物理专业首届学生向任课教师敬献鲜花。左起：胡维菁、顾建中、杨桂宫、李德修、李作新。

功夫不负有心人，杨桂宫的实验创造性地完成了，他的学术论文也做得很出色。在接到剑桥留学的邀请后，他虽做好了11月中旬离昆去伦敦的准备，但由于所担任的两门课程尚未结束，学生又即将期末考试，强烈的责任意识使他不愿让别人“加码”（让同事代理），他把行期推迟到两个星期之后。1949年12月9日，卢汉在昆明起义，杨桂宫放弃了前往剑桥留学的机会。

打造中子弹

康　平

杨桂宫

简而智

杨桂宫（1914—1999），河北省抚宁县人，著名物理学家、教育家，云南大学物理系奠基人之一。

杨桂宫在云南大学任教期间，在物理系教学设备费十分紧张的情况下，组建了金工室，后又组建了云南大学科研仪器厂。他组织自制了多种仪器设备并带领唐懋荧研制、生产出了“麦克逊干涉仪”；带领陈尔纲研制出了“投射电子显微镜”“扫描电子显微镜”等一批尖端精密仪器。这既满足了云大教学的需要，为热学、电学、力学方面提供了所需的全套实验设备，被全国60多所高校采用。

1957年，杨桂宫被任命为物理系主任，在他的领导下，云南大学物理系先后组建了固体物理、金属物理、无线电物理、半导体物理、电声技术、原子核物理、基本粒子理论、电介质物理等多个专门组，使云南大学物理系的学科建设走在了全国高校的前列，创造了云大物理系得第二个兴盛时期。

20世纪中期，云南大学响应国家科委下达的高等学校要研究原子能的号召，在杨桂宫副校长主持下，启动了云南大学原子核物理学基础研究工作。化学系承担放射性物质的提取分析实验任务；生物系做示踪原子研究；物理系简而智讲师主持研制高能静电加速器，提供超高能电子轰击各种原子制造放射性同位素。他们为国家制造中子弹做了许多前期研究。笔者时任物理系物理实验设备仓库管理员。

生涯片羽

吴道源

1955年，吴道源（右一）在北京教育行政学院学习。

20世纪80年代，吴道源参加会议（身旁为杨绍珠老师）。

20世纪80年代，吴道源与教务处同事亲切交谈。

1987年7月，吴道源在大理召开的云南省高等教育学会年会上作总结发言。

20世纪80年代，师生观看学校运动会。一排左五为吴道源。

1981年2月10日，吴道源在家接待到云大进修的同志。

20世纪80年代，吴道源与教务处同事在昆明大观楼合影。

20世纪80年代，吴道源与教务处同事在昆明大观楼合影。

名人相见 依依不舍

木　鱼

方国瑜教授和关肃霜，一个是我国著名的史学家，一个是我国著名的京剧表演艺术家。一个是纳西族，一个是满族，都是我国少数民族中出类拔萃的人物。两位都曾是云南省人民代表大会的代表。两人平时也很难见面，平日里，一个埋头潜心钻研民族学的理论，为本科生、硕士研究生和博士研究生上课，著书立说，著作等身，享誉国内外。一个为京剧艺术潜心钻研，独树一帜，不但唱响中国，而且唱响世界，为中国的传统艺术走向国际舞台不遗余力。他们都是很忙的名人，只有在参加省人代会的时候，各自带着平时收集到的人民群众的困难、愿望和要求，人民群众对党和国家的一些方针、政策及需要改进的意见建议，向政府反映人民的呼声时，才有可能碰面。

1983年4月23日，云南大学建校六十周年大庆。学校除邀请国内外的云大毕业生外，还邀请了一些在国内外著名的、有影响的专家、学者和艺术家，关肃霜就是其中之一。隆重的庆祝大会结束，关肃霜急不可待地到处寻找方国瑜先生，终于在学校的操场边上，见到了方国瑜先生，两人见面紧紧握着对方的手，激动、兴奋，久久没有松开。关肃霜看到方先生身体健朗、精神矍铄，不断地祝福；方先生听说关肃霜在北京作过几场专场演出，受到中央领导的高度评价，后来还到美洲、欧洲等地演出，非常受欢迎，传播了中国京剧艺术，弘扬了国粹，十分高兴。方先生还表示，关

1983年4月，方国瑜（右二）和关肃霜（左一）在参加云南大学六十周年校庆大会时见面交谈的场景。

肃霜若有京剧演出安排，一定争取好好欣赏。两人在依依不舍中道别，似乎还有很多知心话没说完。

政治辅导员（班主任）生活点滴

毛德伦

我于1961年到云南大学工作，1962年开始担任毕业班政治辅导员（班主任），一直到粉碎“四人帮”后的“回炉班”。1963年毕业生最多，三个专门组（无机化学、有机化学和分析化学）有近200人。除国家发的老师工资外，担任政治辅导员无任何补贴或报酬，而且本身教学工作很重（任有机分析课组组长、实验室主任），尽管如此，我仍能做到任劳任怨，从不懈怠。

为了做好辅导员工作，我常深入学生与他们交朋友，并坚持政治学习，要求学生做到的自己首先要做到，要求学生不做的自己一定不做。积极配合党政各部门的工作，最终使全部学生愉快地服从分配，按要求走上祖国各地的工作岗位，有不少人还成为该专业的拔尖人才。

我始终认真执行学校对政治辅导员的要求，深入学生中，参加他们的组织生活，大、小班委会，政治学习和生产劳动；除不定时地到学生宿舍交流外，每学年还有两周与学生同住，参加他们的文体活动。下面三张照片值得回忆。

我在政治上、业务上以及在生活中能与同学融洽相处，既帮助了学生，同时也提高了自己，所以工作成效大，与学生感情深厚，以至时隔五十多年，不少学生还与我保持着联系。

“文化大革命”期间，很多政治辅导员被抄家，我却被两派学生保

这是云大化学系1963届无机化学专业毕业生合影。

一排右三是作者（原年级政治辅导员）毛德伦，一排右四是原副系主任徐绍龄，一排右五是原系总支书记王新，一排右六是原无机教师黄渊泽，一排右七是原无机教师杨春锦，一排右八是原无机教师马衡。

护，只被贴过一张半大字报。一张是讲赵雁来（二级教授，获法国博士学位，是国内外知名的有机化学家）曾说过毛德伦是有机组最得力的一个人，敌人（赵被打成反动资本家、反动学术权威）拥护的，我们就要反对；一张是说有机分析课组业务上要求学生太严。因我是课组长，自认承担一半责任，所以说是半张大字报。除这一张半大字报是应付运动而写的以外，没有受过其他冲击。武斗混乱时，有的学生（当时已工作）还主动接我的孩子到他家去躲避，以免误伤。

“文化大革命”结束后，我与化学系谢金伦到北京听核磁共振讲座，大约有一个多月时间。石化部有一个中层领导，分管技术培训的老校友段这是云南大学化学系分析专门化1964届毕业生合影。前排：右一是原系行政秘书高耘周，右二是原分专教师王孝怀，右三是原年级政治辅导员（本文作者）毛德伦，右四是原物化教师吴有利，右五是原物化教师王文亮，右六是原分专教师田宝籍，右七是原有机化学教授赵雁来，右八是原化学系主任王树勋，右九是原化学系党总支书记王新，右十是原化学系党总支副书记聂恩修，右十一是原化学系副系主任徐绍龄，右十二是原分专教师宋文俊，右十三是原分专教师范鸿章，右十四是原分专教师周中文。

这是1964年9月，共青团云大化学系总支委员全体成员合影。一排右二是原化学系党总支副书记、团总支书记聂恩颜，一排右三是原化学系团总支副书记、四年级政治辅导员毛德伦。

启伟（1963届有机化学专业毕业生），请我们到他家吃饭时谈起曾找有关院校代招代培部分学生，除有关费用照给以外，还给予一定经济补偿时，我们提出这样的事能否考虑一下母校。事后，他真的找到云大化学系帮助代招代培，给钱盖了现在使用的化学馆。我们只起了这一点点引线作用，后续的全部工作都是由谢金伦、邢国宝等有关同志做的。我们不会忘记校友对母校的深情厚意。

这段时间我本人曾被评为优秀共青团员，还被评为云南大学“五好先进工作者”（见1960年2月云南大学五好先进工作者会编印的《一九六三年云南大学五好先进工作者先进事迹介绍》），与一批名师如张文勋、方

这是1964年云大化学系四年级班委与毛德伦（一排右二）的合影。

国瑜、江应樑、杨光俊、顾建中、陈尔刚、赵雁来、徐绍龄、姜汉侨等排在一栏，实属不易。而且在众多的五好先进工作者中，只有31人专门写了先进事迹介绍，我有幸被收入其中。在介绍其他情况的同时，尤其肯定了我的政治辅导员工作、教学工作以及努力学习的精神，使我受到了莫大的鼓舞。

这是和化学系四年级学生一起外出郊游的留影。后排右二是毛德伦。

这是1962年拍的一张照片。当时学校为提高教学质量，对青年教师进行重点培养。照片中后排右一柯锦屏和右二陈于澎都是重点培养的教师，坐者是她们的指导教师赵雁来教授。左一是毛德伦。

在教学工作中的几个片段

毛德伦

指导学生进行实验

要指导学生实验，教师必须事先做成功这个实验。尤其是专门组的实验，要从很多相关教材及参考书上选择适合学生掌握该课程基本技能技巧、本单位又有条件做的实验。实验成功后，按规定项目写出实验报告和实验教材，经课题组讨论、修改、补充和教研室批准编印成册后发给学生。

学生进行实验之前，要阅读实验教材的有关内容，写出准备笔记（如实验名称，要用的药品、仪器、操作过程及注意事项等）。经教师抽查合格后方能动手进行实验。基础课实验还需要教师统一讲解。

毛德伦在做实验准备。

毛德伦在指导学生进行实验。

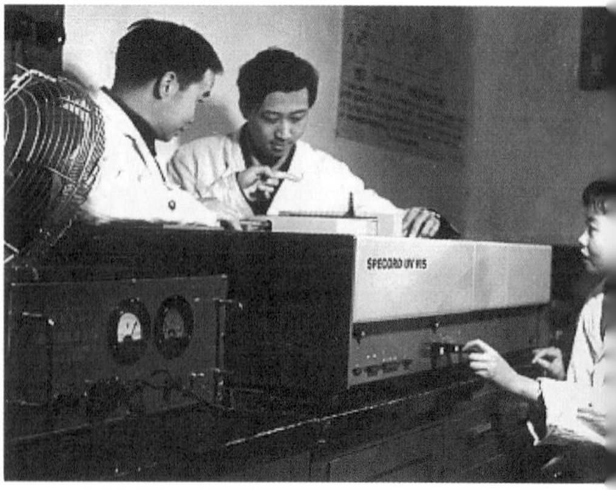

代表省和学校赴兄弟院校授课

20世纪70年代后期，恢复高考时，

这是二十世纪七十年代后期赴兄弟院校授课时的合影。右是谢家敏，中是阮孝达，左是毛德伦。

云南省有三四个地区的高等师范专科学校在条件不成熟的情况下招收了本科学生，又基本没有合格的教师主讲，导致学生集中到昆明游行示威，请求省委省政府解决问题。当时省委有关领导亲临云南大学，要求云南大学帮助解决基础课主讲教师问题，予以救急。谢家敏、阮孝达和我受托前往，我主讲有机化学（上册），谢家敏主讲有机化学（下册），阮孝达负责实验。所在地区学校配备相应教师助理。这张照片是工作交接时的合影。

参与社会工作

中国共产党的十一届三中全会前后，社会上不少学会开始恢复活动，同时根据科技和学科的发展需要又成立了一些新的学会。由于我当时任化学系科研秘书，有机分析化学课组组长，同时参与筹备建成了云南大学实验中心并担任副主任，参加有关协会工作较多，如仪器仪表学会。在机械工业部直接主管的中国仪器仪表学会的指导帮助下，促成昆明工学院（现昆明理工大学）、云南大学、省计量局、省勘探设计院、省冶金研究院、昆钢、云天化等多家单位一起筹备并建成了中国仪器仪表学会昆明分

1983年，毛德伦在中国仪器仪表学会昆明分会成立大会上发言。

1983年，中国仪器仪表学会昆明分会成立大会暨第一届学术年会召开，参会人员合影留念。

会。筹备组组长，原昆明工学院副院长、著名振动学专家屈维德教授任理事长，我是筹备组副组长和副理事长之一。该学会非常活跃，成绩显著，曾多次被评为全国、省、市先进学会。我在该学会连任了5届副理事长，2009年年末第六届换届时，因进入耄耋之年，主动提出不继续留任，而被聘为名誉副理事长，现仍常被邀请参加有关活动。

“庆祝元旦”节日长跑

吴多胜

云南省体委和昆明市体委，每逢春节和元旦都联合组织全市各单位的长跑爱好者参加穿城跑（五公里）比赛。我也参加过2–3次比赛。这是1982年“庆祝元旦”节日长跑后，云南大学参赛队老师合影留念。

1982年的“庆祝元旦”长跑，参赛者从圆通公园大门起跑，经青年路、东风路，至终点拓东体育馆。图为吴多胜在长跑途中。

难忘的记忆

肖　才

我同西競强同志一起在中共云大总支委员会、昆明市委学校党委分党委、云大党委会工作过。在党总支工作期间（1954年5月至1955年6月），我有几点难忘的记忆。

中共云大总支委员会，是当时云大党组织的最高领导机构。委员有方仲伯、李广田等十一人。书记方仲伯，专职干部二人。办公室就在映秋院前排靠南的三间平房（现云大学生就业服务中心处）里的一间里，还不足30平方米。房屋是瓦顶，前后墙的下半部有一米多高是土墙，上半部是木条结构的玻璃花窗，显得很单薄，用木板隔成三间。办公室西头是两张办公桌，东头是开会用的桌凳，非常朴素简单。这期间因教职员工和学生中党员很少，总支工作重点是发展党员，加强党的建设。政治思想工作由政治辅导处在管。人们的关系是以同志相称，而不叫官衔，如仲伯同志，广田同志，感觉十分亲切。简陋而狭窄的办公室，艰苦朴素，勤俭节约，密切联系群众的工作作风以及同志式的相处方式，给我留下深刻的记忆。

党总支书记方仲伯是我难以忘记的好领导，他工作作风踏实，责任心强，能吃苦，亲近群众，平等待人，乐于助人。我因文化水平较低，每次写的有关发展党员及其他工作方面的材料，他都耐心指导，认真细致地修改，从不指责批评。他还送给我他1938年在延安拍摄的两张毛主席照片。我非常高兴，至今已保存了58年。两张照片增强了领导与部下的感情，促

1955年春节摄于石林。五位同志是党总支和团委的工作人员。西竞强（右二）、肖才（左一）是总支专职干事，陈捷（右一）、杨一青（左二）、敬启明（左三）是团委的专职干事。

使我更好地做好党的工作。

李广田副校长是党总支委员，我们经常见面，他的为人给我留下深刻印象。他作风朴实，衣着整洁，常面带笑容，和蔼可亲，我感到与他没有什么距离。有一天我在映秋院旁的路上与他相遇，他走到我面前，一边笑着打招呼，一边伸出双手帮我把衣领扣扣好（中山装领扣），然后又笑着走开了。他的举动好似热情而又严肃的一股电流直击着我的心窝，像慈父般地关心我，我感到不好意思，非常感动。我不扣领扣的习惯从此被纠正过来。广田校长对我的亲切关怀和他和蔼可亲的笑容，永远留在我的心中。我会时常想起他。

战争年代的贺忠

贺　忠

1943年投身抗日战争，1945年8月日寇投降时于山西兴县晋绥军区司令部留影。

在中国共产党领导下，经过与日寇殊死斗争，同时又不断排除国民党阎锡山顽固派的干扰，在极其艰难的环境下，晋绥敌后抗日根据地于1940年建立。我有幸在新建的解放区设立的小学、中学读书，并参军，成为一名革命战士。

之后，我经历过推翻国民党蒋介石反动统治的解放战争。随着形势的发展，1949年我又参加了解放大西南，恢复和建设新区的工作。

1950年，西南解放后摄于重庆西南军政委员会。

云大外语系法语专业师生

王嘉瑜

云南大学法语专业筹建于1972年，当时教师只有6人，来自不同单位。照片上坐在第一排中间，手握一卷报纸的同志是副教授王嘉瑜。他于1972年从北京国际关系学院调来云南大学担任法语教研室主任，并讲授法

1980年，云南大学外语系1976级学生毕业，全体师生合影留念。

语。当时法语专业的全体同志同心协力自编教材用于教学。云大外语系法语专业的第一届学生来自不同战线，有工人，有战士，有干部……他们非常珍惜进云大学习的机会，人人勤奋努力，不负重望。毕业后奔赴祖国需要的地方，走上岗位，积极工作，为国家和社会做出了积极贡献。

母女两代云大人

杨一兵

母亲万家贞生于1910年9月30日，于2006年1月20日去世，享年96岁。1932年在东陆大学（云南大学前身）政治经济系毕业，是云大学子中的元老和寿星之一。数十年来先后在昆华女中、昆华医院、云南省电政管理局、云南省财政厅工作。曾参加党的外围组织"新联"。

母亲于1958年被下放农村，因身体不好自动退职。此后，在昆明市武成路下段居委会工作多年。1969年，我父亲被迫害致死后，母亲由我和妹妹赡养。

2002年2月，母亲因腰椎退行性骨折住进昆明市虹山医院，自此卧床不起，一住就是4年，直至去世。她虽有些健忘，但因做过教师、干部，尚有智力基础，我便让她复习唱歌、唱戏、背唐诗、背英语单词，消愁解闷，活动脑子。她性格开朗、乐观，经常在护工们面前表演，引得大家很开心，都说喜欢万奶奶。

有一次，护工跟我说："我们都是顺着她，从来没有'鼓得'（强迫）她，但她老对我们喊'鼓得、鼓得'！"我回味一下，恍然大悟，笑着说："她夸你们好，'鼓得'就是英语good（好）的意思。"大家哄堂而笑。

母亲没有儿子，特别重视对两个女儿的教育培养。哪怕家里不宽裕，还是尽全力供我和妹妹念名校天祥中学。我们都考上了重点大学，学习和

这张八十多年前的老照片年代久远，弥足珍贵！地点在云大会泽院右边一座仿制的大炮上，坐着的女士是我的母亲万家贞，身旁站着的小女孩是我（约3岁，原名杨玉宾）。

工作都还算“有出息”。

1953年8月，我在云大中文系毕业。1972年5月我又回到中文系任教。在职二十余年，我努力工作，屡出成绩，多次获奖，并评上了教授。1994年4月退休后，仍一直从事教学和科研工作，并担任一些重要的社会工作，得过国家级奖项，出版了五本专著。2017年10月还荣获云南大学“红云红河教育功勋奖”。我的健康成长是和母亲的教导和培养分不开的。我非常敬重她、怀念她。

我们母女两代都是云大人。特别是我，在母校读书、任教、退休，至今六十多年，对母校深怀感恩之情。祝愿母校兴旺发达，万古长青。

怀念王兰馨先生

杨一兵

文中照片是1972年10月欢送王兰馨先生赴津时，云大中文系全体教职员及学生代表的合影，距今已40多年了。照片上共有教职员38人，校领导1人，工军宣队2人，学生代表2人，总计43人。其中已有18位作古，在世的也都已退休。这张40多年前的老照片可以作为一段历史的见证，也可勾起我们对老教师的思念和对往事的怀念，很有价值。

现按从前到后，从左到右的顺序将人名介绍于下：

一排：张桂华、任兆胜、郑月蓉、彭琴英、吴佩珠、王开莲、李淑贞、丁玲玲、胡玉珍（后二人为学生代表）。

二排：杨一兵、周文煜、全震寰、副校长杨桂宫、王兰馨、军代表陆连华、张友铭、杜东枝、吴进仁。

三排：李丛中、王守华、范启新、工宣队刘师傅、冯铭叔、朱宜初、彭安湘、盛作斌、李兆同、张文勋、武显璋、郑谦、赵浩如、张耀庭。

四排：郑绍堃、杨世强、傅懋勉、李子贤、岳文志、杨振铎、曾广辉、乔传藻、陈履坤、张庆元、蒙树宏。

由于年代久、照片小、人数多，个别老师认不准，若有误，敬请原谅。

照片中的王兰馨先生是李广田先生（著名文学家、原云大校长）的夫人，也是一位学者，出版过《晚晴集》《唐宋词赏析》等著作。1953年

1972年10月，王兰馨先生（二排左五）赴津，中文系全体教职员和学生代表在中文系办公室前合影留念。

下学期，王先生教我们毕业班“中学语文教学法”。她在中学多年从事语文教学，有丰富的经验。她在课堂上现身说法，亲自示范，并让学生实践操作，训练学生编写教案，选择部分学生试讲，组织全班学生评议。期末成绩由笔试、教案、评议三个部分综合评定。这样讲练结合的教学，成效显著。后来我在数十年教学中运用自如，都得益于王先生那时给我打下的基础。

1972年5月，我回到母校中文系任教。我住东宿舍二楼，王先生住一楼，由于师生加邻居的关系，我们经常来往，进一步加深了友谊。后得知她要去天津南开大学与女儿共同生活，我将曾在天津工作时知道的情况向她介绍，使她对今后的生活环境有进一步的了解。1972年10月，她赴津后我怅然若失，常想念她。

滴水穿石

颜洪恩

20世纪30年代，颜洪恩生于云南省峨山县。曾在中法大学附中、北京外语学院、四川大学学法语、俄语、英语，获本科及研究生学历。是云南译协理事、云南作家协会会员、教授，1953年入党。

1957年，颜洪恩于北京外国语学院毕业，被分到云南大学任教，党委指派他组建外语体育党支部，任支部书记，主持支部工作，并协助教研组领导编撰结合专业的俄文教材。颜洪恩泡在出版科，埋头捡铅字，屏住气装订红红绿绿的讲义。在反右倾中受冲击下放，太阳偏西才得喝碗稀饭。在外国专家及英语教授指导下，颜洪恩苦练英语，又到川大深造。后有幸参加复旦大学、上海外语大学牵头的《大学英语》编撰会，又参加上海版《大学英语》审编会。讲授大学英语，所教学生统测成绩名列前茅，有的学生已评为二级教授。担任大学英语督导，无论哪届领导教师学生，都认为他的评估公平公正。

颜洪恩撰写的论文被外语刊物发表；彭德怀遗作：《谷撒地》《薯叶枯》《青壮炼铁去》《收获童与姑》《来年日子怎么过》《我为人民鼓与呼》英译作品发表在川大*Of Cause*和《西安外院学报》；《红土高原与巴金冰心萧乾研究》连续在《云南日报文史摘》及《思想战线》发表；《小河淌水与会泽院》《云大广场》《从挖枧槽河到茨坝农场劳动》等散文被《云大记忆》《昆明日报》刊发；专著《翻译理论与实践》《英语实践及

论理》获云南省优秀学术著作出版基金资助，指定云南人民出版社出版，被云南省图书馆、云南大学图书馆收藏，被云南大学、云南师范大学选作英专教材。做过“汉诗英译技巧”“中国文学与诺贝尔奖百年无缘”学术报告。《云南翻译》评介“汉诗英语技巧”称道：云南大学颜洪恩先生提出诗歌翻译要神形韵兼顾，做到意真、形似、神活，是颇为精辟的见解。

1992年退休后，笔耕不辍，写的字常见报刊，作的文成篇成编成书，累计已达300万字。自诩有三个领先：一是彭德怀遗诗《我为人民鼓与呼》英译被四川大学及西安外院学报刊用；二是两专著接连获云南省优秀学术著作出版基金并指定由云南人民出版社出版；三是从寻觅巴金、冰心、萧乾跋涉在红土高原足迹中悟出边疆各族儿女与三位大师有不解之缘，为有关学者开了一个好头。

行百里九十方半。

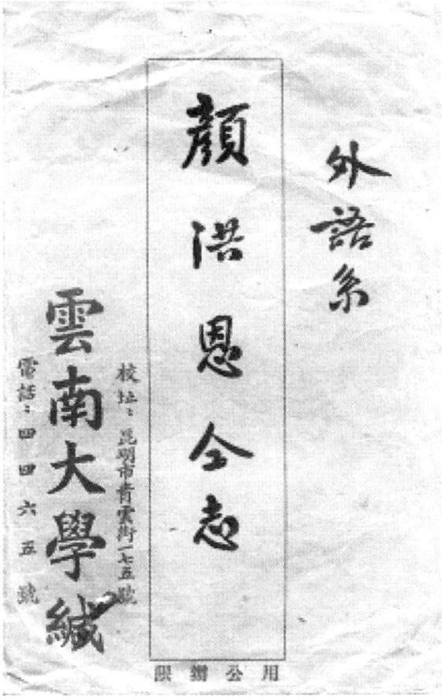

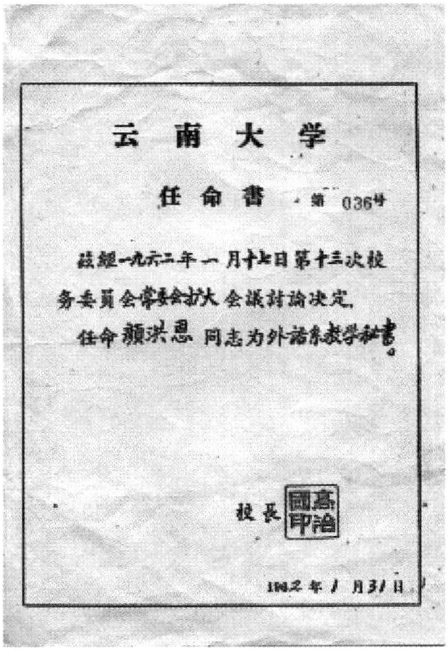
云南大学
任命書 第036号
兹經一九六二年一月十七日第十三次校务委員会常委会扩大会議討論决定，
任命颜洪恩同志为外語系教学秘書。
校長 高治國印
1962年1月31日

颜洪恩老师的任命书。

锲而不舍，金石可镂

孙焕仙

云大女排领奖后留影纪念，第二排左三为孙焕仙教练。

《成都体育学院学报》报道：我院1957届毕业生孙焕仙指导的云南大学女排在1984年云南省大学生排球比赛中，一场不败，场场均以3∶0获胜，夺得了女子组冠军。

《春城晚报》采访报道：1984年7月31日，云南省大学生排球赛颁奖仪式在云南大学礼堂举行。进入礼堂的人群中，有一位身材匀称、步履稳健的中年女同志。在她略带皱纹的前额下，镶嵌着一双炯炯有神的眼睛，两鬓已见丝丝银发，她就是云南大学女子排球队教练孙焕仙。当总裁判宣布，云南大学女子排球队荣获本届大学生排球赛女子组冠军后，云

赛前的讨论会，手扶排球蹲着的是孙焕仙教练。

大女排在掌声中鱼贯登台领奖，“也请云大女子排球队教练孙焕仙上台受奖！”洪亮的邀请声及雷鸣般的掌声使我热泪盈眶，往事历历在目。

1957年，我刚满20岁，离开母校成都体育学院到云大任教，立志一定要在体育教育事业的征途上取得出色成绩。1984年，云南省高校排球比赛期间，除抓排球训练外，我时刻把队员的专业学习和思想修养挂在心坎上，队员有什么心事，都乐意找我吐真情，队员说我们在队里就像在家中，教练似母亲，队友如姐妹。

还记得在迎战强队昆工队时，队员一致表示要再打个3∶0！昆工加油！云大加油！双方队员摩拳擦掌，场内场外掌声、欢呼声如雷贯耳……裁判鸣笛，宣布云大女排以3∶0获胜。阵阵掌声在赛场上空萦绕，主裁判、副裁判都情不自禁地上前紧紧握住我的手说：“云大女排是好样的！”双方队员握手、云大队员互相拥抱，当时赛场上的阵阵掌声至今萦绕在我的耳畔。回首往事，我感觉内心无比充实，因为我在体育教育事业的道路上留下了坚实的脚印。

一条洒满汗水和心血的路

孙焕仙

20世纪30年代末，我出生在哀牢山的一个彝族小村寨，上小学时，甩着马尾辫到新平县城读书。初中毕业，以优秀成绩考上玉溪中学；高中毕业，又以高分考上成都体育学院；成体毕业时，以德智体全面发展的尖子生选派到云南大学任教，是当时成体毕业生中一名年轻的共产党员。

1957年到云大报到后，身着体育运动衣裤即奔向体育场。其间还任

云南大学第二届教学优秀奖获奖教师合影留念。第一排右四为孙焕仙。

云南省大学生田径代表队教练、领队和体操队教练。在高校、省级和全国比赛中都为云大争了光，被派到华中师大承办的高校排球教练提高班及成体医疗体育专修班学习，学成后即把所学的理论和技术用于排球训练和医疗体育。1984年在云南省大学生排球比赛中，云大女排场场均以3：0夺冠，这是云大体育史的光彩篇章，也是全国高校女排赛的创举。2008年，女排队员云集云大东陆园向母校敬礼，并祝老师健康长寿。《云大往事》以《缘·育·情》为题谱写云大女排夺冠拼搏的情景。我所主持的医疗体育实验也取得了好成绩，校教学经验汇编时，专家认为此实验既科学又有实践价值。连续三次获云大教学一、二等奖及一次省级教学成果二等奖，出版专著《当代大学体育研究（田径）》，发表《田径课是大学体育的主干课》（《云南高教研究》）、《锲而不舍，金石可镂》（《成都体院学报》）等多篇论文，爬完助教、讲师、副教授阶梯后晋升为教授，凝结着汗水和心血的证书熠熠生辉，照耀着前进的方向。

我也曾受聘担任体院督导组组长，本着对学院、对老师负责的精神，严格按照评估指标要求，公平公正地考评相关老师。除课堂教学评估外，我还评阅体育系学生的试卷，担任体院选拔参加全校青年教师教学比赛的评委，参加期末考试巡考等。体院的公体课和系的专业课都由在编的46位教师完成，有的老师上完室外的技术课又跑到教室上理论课，高龄督导不得不脚跟脚地跑，教师和督导都在和时间赛跑啊！督导看课后必须按评估指标要求写评语，在各项指标栏目内打出小分累出总分后，上报学校在网上公布。

除教学、训练工作外，我也曾担任体教部副主任兼公体课教研室主任，被学校聘为第二届、第三届教学委员会委员。退休后，继续被聘为云南大学“课堂教学质量评估”专家组成员、体育学院教学督导组组长。我深深感恩学校，我的成长和点滴成绩的取得离不开领导的关心和群众的支持，我的付出与所得相比，所得远大于付出。

海棠竞绮　银杏飘金
——武文忠扮美东陆园

李作新

菁菁东陆园，映日银杏翻蝶翅；
巍巍公孙树，倚天绿枝流云晖。

绮圃绽蕾，黄钟八吟，杜鹃、山茶、玉兰、紫薇、棕榈、绿竹簇拥会泽院。

银杏飘金，雪松长青，海棠、木瓜、樱花、银桦、枇杷、铁树遍布贡院坡。

东陆园的生态景观素为世人瞩目，海棠圃、银杏道，四季游人如织。然而，望着这满园芳菲，你可曾想起曾经被称为“生态掌门人”的武文忠？正是半个多世纪前武师傅的园艺杰作打造了东陆园的和谐生态环境。

武文忠（1916—1970），云南易门人，50多年前是一位血气方刚的青年。1946年来到云大校长办公室当工友，1952年调总务科负责校园绿化工作。在农学院园艺系技师杨辉远的直接指导下，开始校园生态环境的规划设计和布局实践。武文忠勤奋好思，刻苦上进，学习努力，跟着老师夜以继日进行园艺耕作和栽培，为东陆园的环境美化付出了艰辛和汗水。武文忠思维敏捷，心灵手巧，爱岗敬业，在短短两三年中练就了精湛的园艺本领，育苗、引种、栽

武师傅在给云大农学院的学生讲嫁接技术。

花、嫁接等技术都得心应手。十年树木，十年创进。20世纪60年代农学院独立后，武文忠独当一面，桂花、樱花、海棠、银杏、雪松、竹林等多个富有特色的汀、园、圃、道、林在他的巧耕细作下茁壮成长，俊美成型。1952年以前，全校仅有乔灌木1337棵，自武文忠领军以后，截止到1963年，11年间，乔灌木成林者达4000多棵。东陆园、英华园（原熊庆来主校时期的云大实验农场所在地），经武文忠亲手嫁接繁殖成功的花木果树亦不下20多个品种。从此，东陆园、英华园绿树成荫，藤叶环抱，鸟语花香，使得校园空气清新，环境优美。武文忠对花木果树嫁接的丰富实践经验，在校园中尽兴发挥，运用自如，炉火纯青。如今，物理馆东侧水池、钟楼一带生长繁茂的逾百株垂丝海棠，就是武文忠当年从龙潭农场地埂田边搜挖累积起来的野樱花，通过钻木嫁接繁殖而成的130多株中较为集中的一部分，成为云大七景之一，曰“海棠映日”。有诗为证：“绿萝连天碧，海棠映日红。”

六十年代历史系学生毕业照

赵一凡

云大历史系1964届学生毕业纪念合影。一排左六是副校长李广田，左七是副校长寸树声。

云大无线电系掠影

王威廉

第一张照片是1983年夏，云南大学无线电系（云南大学信息学院的前身）拍的首届毕业生（79级）的毕业照。在前排就座的（从左到右）分别

1983年，云南大学无线电系79级首届毕业生毕业留影。

是：刘会祥、董振勋、兰得春、李益群、曾吉荣、李象河、冯竞、郑苏民（系主任）、郑文兴、李必海、王运祥、李亚、解绍先、游庆章、王威廉。

当时我上该班的“脉冲数字电路”等课程，并指导该班的课外科技制作活动。该班人才辈出：有云南滇虹药业的总裁郭振宇（二排左四），在此之前，他曾是美国乔治华盛顿大学的知名教授；有留校任教的施心陵（三排右一）等。如今，他们都已经成为云南省各条战线上的中坚力量。

第二张照片是1984年7月10日拍的云南大学无线电系80级（84届）毕业照。当时我任该班班主任。在第一排就坐的（从左到右）教师为：杨胜平、金一铭、李依群、郑常全、董振勋、曾吉荣、郑苏民（系主任）、冯竞、李象河、郑文兴、解绍先、刘会祥、李亚、张懋洵、杨明华、王威

1984年，云南大学无线电系80级（84届）毕业生毕业留影。

廉。无线电系80级30名毕业生，目前大部分在云南省各条战线上或担任重要职责、或成为各行各业的中坚力量。有在云南省政府部门任要职的官员，例如曾任国家统计局云南调查总队队长的杨雯；有5名同学留校任教，现在均为云南大学信息学院的教学科研骨干，例如信息学院系统工程系主任宗容教授，通信工程系副主任黄铭教授等；也有下海创业卓有成效的和漂洋过海定居海外的。“恰同学少年，风华正茂；书生意气，挥斥方遒。”当年二十来岁的青年学子，现在已是五十出头的中年人，都在为国家、为民族的兴旺而奋斗着。留校任教的信息学院的教师们，也同样兢兢业业，年复一年地为国家培养着建设者。

第三张照片拍摄于1986年4月至5月间，地点在云南大学物理馆214实

王威廉老师（立者）精心指导学生进行毕业课题设计。

验室。当时我作为毕业设计的指导教师，正在指导信电系（信息学院的前身）82级同学余英（前排，现在云南师范大学任教，教授）、王晓梅（第二排，留学并定居美国）做毕业课题设计的调试，毕业课题的题目为“基于Z80汇编语言的FFT程序设计与实现”，调试平台为TP801单板机，照片记录的是正在实验室联机实时调试的情况。在当时设备简陋的条件下，选做这一课题有一定难度，两名同学当时均为信电系82级成绩很优秀的同学。

第一届五年制毕业生

周一康　陈立新

这是云大化学系61级（1961—1966）全体同学及无机化学专门化同学的毕业照，摄于1966年8月16日，地点在云大正大门内会泽院前面石阶梯上。我们是云大第一届、也是真正学满五年的五年制毕业生。在校五年的学习生活，按照“又红又专”的要求，我们德智体全面发展。贯彻“以

云大化学系61级（1961—1966）全体同学毕业照。

云大化学系61级无机化学专门化同学毕业照。

教学为中心”的方针，教师认真授课、严格要求，学生如饥似渴、勤奋学习，我们打下了坚实的科学文化基础，学好了为人民、为祖国服务的本领。毕业后，不论从政、科研、企业、教育，在各条战线上我们都努力工作，成为单位骨干，为国家社会主义建设贡献了我们的力量。同时这两张照片也反映了那个时代大学生的特点和精神风貌：艰苦朴素、积极向上。因为那时物质匮乏，我们穿着朴素，甚至还穿打补丁的裤子，但是我们精神充实。手捧“红宝书”（《毛泽东选集》），青春靓丽，在云大的标志性建筑前留下了这两张特定年代宝贵的毕业照。

为90周年校庆题字的陈天锡

赵逸云

2012年4月，95岁高龄的1937级理化系学生陈天锡为母校90周年校庆题字的情景。

飒爽英姿五尺枪——云大民兵

周一康　陈立新

这是一组云大化学系1961级（1961—1966）民兵在云大东陆园内的荷枪照。前两幅摄于钟塔前，后两幅摄于棕榈树前。拍摄时间在1964年11月，摄影者是党委宣传部马巩（荣柱）老师。那时云大除文化学习外，每学年都要安排军训课及劳动课。大四上军训课时，刚好校武装部领到一批新的轻型冲锋枪，于是我们每个人都过了一回荷枪瘾。照片上的民兵个个身扎武装带，手持冲锋枪，英姿飒爽，阳光靓丽。感谢马巩老师为我们留下了这些珍贵的照片。

①②③④均为云大化学系1961级民兵在云大东陆园内留影。

穿学士服的高达明

赵逸云

1947级理化系学生，现化学科学与工程学院退休教师高达明在1951年毕业时穿着学士服拍的照片，非常漂亮。这是我看到的比较早的云南大学学生穿学士服的照片。那时候能用相机拍照非常不容易，也很罕见。

龙文池烈士

赵逸云

龙文池，1937级理化系学生，中共地下党员。曾任中共云大党支部书记，他组织了60余位学生参加的“云大时事研究会”，每周在校内出一期壁报，刊出抗日时事、时事评论、学习心得和剪报等；举办演讲会或座谈会，并在社会上进行抗日救亡宣传活动。他毕业后曾留校工作，不幸于1946年2月被特务蓄意制造的车祸暗害。

书山有路

支　点

曾以厚，云南大学图书馆的元老之一，有名的“曾聋子”。他做了一辈子的图书编目工作。图书馆里所购进的书和赠书，大部分都要经过他的手，有了图书馆的“户口”，这样才能分门别类，按“户籍”入住。因

曾以厚遨游在知识的海洋里，在科学的艰辛路上攀登。（此照片获1984年全国人像摄影比赛二等奖）

此，他对图书馆的宝贝如数家珍。你看他每天上班，穿上蓝布大褂，戴着蓝布袖套，一副大眼镜，耳朵里塞着助听器，外加呢子鸭舌帽，极其标准的图书管理员的模样。他每天把堆放在桌子上、地板上的新书分类、编目，再贴上书标，按编号送进书库，放到一排排的书架上，然后泡杯清茶，端坐在他的办公桌后面阅读；有时手上拿着书或字条什么的穿梭在人群中间。跟他说话，声音要大，他听力极弱，听不清，要贴近助听器才行。

每个学期开学，就是他大忙的日子。假期邮寄来的及购进的新书，只有开学才编目。办公室里堆满了大大小小、高高矮矮、各色各样的书，把老曾埋在书堆里。那真是书的海洋啊，更是知识的海洋！遨游在这知识的海洋里，老曾笑了！层层叠叠、高低不平的书，又似座座高山，只有那些不畏艰险的智者才敢于攀登！老曾则是登顶的渴望者！

宿舍里有两个“小苏”

曾凤英

这张在学校假山水潭边的照片，摄于20世纪70年代中后期，具体年份已不清楚。前面伸着“爪子”的是我，右边是苏英杰，后面是苏映莲。我们不仅同班（历史系74级），还同住一个宿舍。

20世纪70年代中后期，曾凤英和舍友苏映莲（后）、苏英杰（前右）在学校的合影。

那时候的日常称呼是在姓氏前面加一个“老”或“小”字。于是，我们宿舍有了两个“小苏”。这样一来，在宿舍里交流，甚至是打个招呼都不方便，不是“呼一二应”就是“呼之无人应”。这虽然是小事一桩，可时间长了还是很麻烦。所以不久之后，她们就有了别的叫法：苏英杰因其爱思考，被叫做苏格拉底；苏映莲因为有一个读数学系的堂姐经常过来找她，一来就叫她小名“阿莲”。好了，这回总算把她俩区别开了。

说完“二苏”的称呼问题，接下来说说特立独行的苏英杰。她来自会泽，父母是北方人。要说她有什么抢眼的地方，以我之拙见，就是鲜明的个性以及与之相辅相成的生动幽默又不乏犀利的语言。

在那个没有个性，或者说“个性”无法张扬的年代，稍稍“自我”一下，就要付出代价。可苏英杰却奢侈地享受着个性，哪怕是生活小事，都不委屈自己。比如，仅仅因为饭菜的特殊味道而拒绝在指定食堂用餐，就是绝无仅有的一例。

那时候，云大有学生和教工两个食堂。那时的学生食堂，没有现在的规模，饭菜品种也少：上千人分食的菜肴只有三四个正菜搭上三两个咸菜。所以每样菜的数量就多，多到需要装在澡盆般大小的容器里。到了打饭的时候，餐厅窗口内的一溜大盆子散发出被焐得变味的菜蔬味（尤其遇上韭菜味、蒜味的）。窗前一溜溜长蛇般队列中叮叮当当的空碗发出饥馑的、迫不及待的催促——的确，对当年的学生来说，队伍移动快些就是有福了，至于“气味”问题，特别是有些菜肴在集体性、大规模食用后造成的空气污浊，大家也就是口头上嫌恶一回。可英杰不将就，每逢食堂里弥漫着青蒜之类被闷焐后蒸发出的超级呛味，她就会退出学生餐厅而转向教工食堂。然后在那一两天里坚决不进宿舍楼内的厕所，也不准打开朝向厕所的窗户。最后还嘲笑我们“嗅觉麻木”。至于我，虽然并非“麻木”，却只能将就——因为像英杰那样隔三差五往教工食堂跑，就意味着把政府给的饭票剩下来，额外掏钱吃饭，这是我承受不起的。

说到语言上的才华，如前所述，是幽默、生动和犀利。同样的语言，别人说来很普通，到英杰口中就有了趣味和生命力，就会让你在笑过之后还要久久回味，还要在你的脑子里形成某种概念或形象。比如，她叙述自己的女儿在晚春时节买了皮大衣，买的时候就巴望本已阴霾的天赶快下雨，回到家里更是不断蹭到窗前看天色……最后，尽管没有下雨，第二天早上照样把皮衣穿了上班去。事情就这么简单，可在她的形容下，一个单纯脱俗又性急可爱的女孩活脱脱呈现在眼前。英杰讲述的时候我还没有见过她女儿，后来见了，还真是那样子：单纯脱俗，大大咧咧！

我们班的党支部支委——曾凤英

苏映莲

前不久，因为编辑《流年之1974至2013》的原故，回家把大学时候的旧照片兜底翻出来：会泽楼前集体照、宜良学军、楚雄考古、滇西实习等，无不打上当年的烙印，蒙上年深月久的尘埃。可是，当这张曾凤英、苏英杰和我在云大校内假山旁的三人照呈现眼前的时候，忽然就有了一种赏心悦目的感觉，仔细一看，原来是前排的两位美女——尤其是左边的曾凤英——使然。我看着照片，又想起凤英当年的靓影和宿舍里因她而来的热闹，还有让我惭愧的恶作剧。

20世纪70年代中后期，曾凤英（左）、苏英杰（右）和苏映莲在学校的合影。

小曾是我们班（历史系74级）的党支部委员。她和我以及英杰，再加上另外两位，共五人同住女生楼108号宿舍。可能是“领导”的身份使她在校内活动范围广泛，再加上美貌的因素，自然就磁石般引来不少爱慕者。

可是，那个年代的异性交往是有很多禁忌的：比如，你不能冒冒失失向人家表达爱意，贸然提出约会；也不能和异性朋友、恋人（除非你们即将结婚）去偏僻无人的地方闲逛，或者逗留在没有旁人的房间。弄不好，就会是“作风问题”，甚至有“耍流氓”之嫌。

那么当年的少男少女们是怎么接触和进入恋爱状态的呢？保险的做法有两种：一是先找个中间人去试探和转达；再就是尽量接近对方，但不能只身前往，至少有一人陪同——必要时也好有个证人，不能学鲁迅笔下的阿Q，一来就直奔主题，要尽量说些公共话题，直到人家“面色”松动了。否则，其下场比阿Q还要惨。

曾凤英的爱慕者大都选择后一种做法：他们隔三差五地奔我们宿舍而来。其中有同系不同级的，也有同级不同系的，还有既不同级亦不共系的。一般是到了傍晚，他们就三两成群地前来敲门。来了就高谈阔论：从国家领导人在国际外交中如何机智地维护国家尊严，到赫鲁晓夫是怎样的粗鲁……当然，也少不了校园内的大事小情。只是绝口不提自己的真正来意。至于曾凤英呢，不管来的是谁和谁，也不管他们聊的是什么话题，都一视同仁、严肃认真地陪着聊，只是那“面色”对谁也不和缓。

我们的那个时代是没有夜生活的，晚上大多窝在宿舍里温书、做作业、看小说、洗洗涮涮。可那帮“情圣”一来，宿舍里就不好按部就班地做事了。终于，在一天晚上——忘了是有什么特殊原因，还是纯属恶作剧——当听到胆怯的、犹犹豫豫的敲门声，宿舍里就有人说：又来了。于是，我便自告奋勇迎上去，不问来者是谁或找谁，拉开门就说：曾凤英不在……

事情做过就忘了，直到不久前的同学聚会被“检举”，而曾凤英也就“咯、咯、咯”笑了一回。不过，说实在的，她该感谢我才是——说不定正是我的恶作剧给她保留了成为“专家夫人”的通关大道呢！

1966年的云大学生

杭滇华

这是1966年6月在化学馆前拍的，照片中是化学系三年级的学生杜丽云（左）和杭滇华（右）。我们做完实验，遇到拍宣传照片的同学，于是有了这张照片。

由于“文化大革命”刚刚开始，学校还没有停课，下午做完实验走出化学馆，我们还穿着做实验的衣服：打着补丁的旧衣服。当时大学生做实验没有工作服，实验时的强酸、强碱难免会溅到衣服上，老师提醒我们穿旧衣服做实验。1962年以前，每人每年只有一尺二寸布票，全家的布票只够一个人做一件衣服，大学生是全家的宝贝，刚从困难时期过来，有几件新衣服，有一件毛衣的就是城市同学中家庭条件较好的，穿补丁衣服上课的同学大有人在。当时的大学生衣着朴素，但精神面貌都很好。

照片上年轻的我们，朝气蓬勃。杜丽云是校体操队队员，我是校排球队队员。下课后，我们还要去参加训练，拍照时我们穿的是校队服，我的排球队队服是浅绿色的针织衫，玫瑰红的衣领，训练和比赛都是这一套，配上白球裤，虽然朴素，在当时已令很多同学羡慕了。那时，“文化大革命”刚刚开始，化学馆正面也和所有的大楼一样，有大幅“文革”的宣传画：毛主席挥手指引工农兵向革命的方向前进。两侧的柱子上有“毛主席万岁！”和其他“文化大革命”的大幅标语。

我们当时是三年级的大学生，热情、单纯，学习努力，对祖国和未来充满信心和期望。这也是当时大学生的共同特点。

杜丽云（左）、杭滇华（右）在云大化学馆大门前留影。

历史系归国学生

赵一凡

1965年从印度尼西亚归国的历史系学生合影。二排左二是黄秀娘，二排右一是黄秀兰，二排右三是历史系赵春谷老师之子赵一凡。

1962年的我们

兰得春

我是信息学院退休教授，我们物理系无线电专门化的全体教职工与研究生于1962年1月合影两张。第一张是在云南大学正大门前的合影。

第二张是在物理馆后面的合影。人员依次为：

1962年1月，物理系无线电专门化全体教职工与研究生在云南大学正大门前的合影。

后排，左起实验员余昌龙、郑苏民副主任、冯竞主任、年轻教师王运祥。

前排，左起年轻教师吴宏雄、实验员金育民、年轻教师兰得春、研究生谢忠喜。

其中余昌龙和冯竞教授都已故去。现在无线电专门化已经发展成一个大的学院——信息学院了。

1962年1月，物理系无线电专门化全体教职工与研究生在物理馆后面的合影。

云大师生爱英雄

零　度

1979年的中越边境自卫还击战，中国人民解放军以迅雷不及掩耳之势给来犯之敌以沉重打击，保卫了祖国领土的完整，彰显了我强大的、不可战胜的中国人民解放军的军威。战斗中涌现出一批批英勇顽强、不怕艰难

战斗英雄与师生座谈会在当年的图书馆（怀周楼）二楼举行。座谈会期间，女大学生争相欣赏战斗英雄的奖章。

以上两图展示的是座谈会结束，在图书馆门前，大学生们把战斗英雄团团围住，为每位英雄戴上花环，请英雄们签名留念。有的同学摘下自己的校徽戴在英雄的胸前，高潮一个接着一个，人们见到英雄时的激动之情久久不能平静。（此组照片曾获1982年全国高校首届摄影大赛一等奖）

困苦、不怕牺牲的英雄，他们受到了全国人民的尊敬，尤其受到大学生们的爱戴。为开展爱国主义和英雄主义教育，学校先后组织了“战斗英雄模范事迹”报告会，以自卫还击战为背景拍摄的电影《高山下的花环》剧组的主创人员到学校作报告，还邀请部分英雄模范到学校与师生员工座谈。英雄的战士与云大师生心连心，云大师生更爱人民子弟兵。

往事历历

岁月流金

赵逸云

1937年对云南大学来讲是个值得铭记的年份。1937年，抗日战争爆发，在缪云台、龚自知、方国瑜等人的推荐下，熊庆来临危受命，接受云南省主席龙云的聘请，出任云南大学校长，为云大的发展做出了巨大贡献。那一年，熊庆来受聘担任云南大学校长，当时的云大，只有3个学院，39个教授，8个讲师，302个学生，教学设备简陋，教学质量不高。熊庆来利用抗战初期各方人才大量涌入昆明的机会，广延人才，聘请了全国著名教授吴文藻、顾颉刚、白寿彝、楚图南、费孝通、吴晗、赵忠尧、刘文典、张奚若、丘勤宝、方国瑜等187名专任教授和40名兼任教授，还延聘了一些外国教授，使云大成为与西南联大同享盛名的又一处著名专家学者荟萃之地，教学质量因此跃入全国名牌大学之列，被收进《大英百科全书》；他把云大扩充成5个学院，18个系，3个专修科，1个先修班的多学院、多学科的综合大学，学生人数达1100多人；1939年又创办了云大附中；他还不断充实图书教学设备，使图书馆藏书达十余万册，理科各系都有比较完善的实验室和标本资料室，医学院拥有附属医院及解剖室，农学院有实验农场，数学系在东郊凤凰山建立了天文台，工学院有实习工厂，航空系有飞机3架，这在全国高校中是罕有的；他还亲自作了《云南大学校歌》，制定了"诚、正、敏、毅"的校训，要求每一个学生都要具备诚实、正直、聪敏而又坚毅的学习精神。在熊庆来任校长的12年里，云大各项工作井然有序，日新月异，被认为是云南大学历史上的第一个“黄金时代”。我的父亲赵雁来当时是理化系主任，母亲段端素是1937级理化系学生。1937级的学生，是熊庆来担任校长后理化系首批招收的学生。后边很多照片里都有他们的身影。

抗战期间，为躲避日机轰炸，1940年工学院和理学院迁往会泽。因会泽难以接纳众多师生，理学院及工学院一年级学生又迁往嵩明马坊镇，成立马坊分校，父亲赵雁来任分校主任。在会泽的学生住在白衣阁，教师住在刘家祠堂，教室设在黑神庙。马坊的师生也以寺庙为宿舍、教室。在艰苦的环境中，同学们勤奋学习，教师忠于职守，师生更加团结。除完成教

1938年9月，行政院令发云南大学熊庆来校长证件。

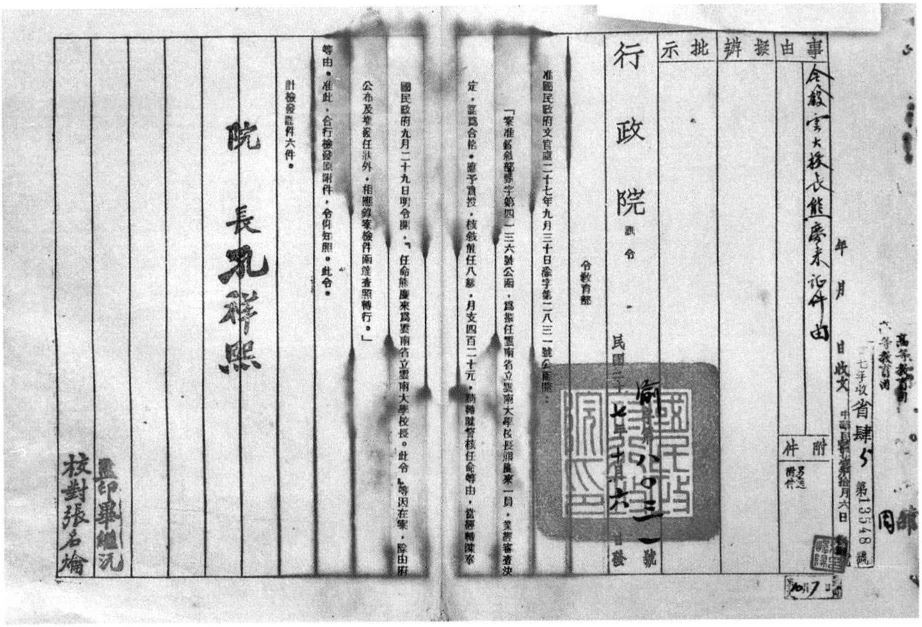
事由 令發雲大校長熊慶來証件由
擬辦
批示
行政院訓令
令教育部
民國二十七年十月六日發
准國民政府文官處二十七年九月三十日渝字第二八三一號公函開：
「案准銓敘部箋字第四一三六號公函，為擬任雲南省立雲南大學校長熊慶來一員，業經審查決
定，認為合格，應予實授，核敘簡任八級，月支四百二十元，請轉陳暫核任命等由，當經轉陳奉
國民政府九月二十九日明令開：『任命熊慶來為雲南省立雲南大學校長。此令』等因在案，除由府
公布及填發任狀外，相應錄案檢件函達查照轉行。」
等由。准此，合行檢發原附件，令仰知照。此令。
計檢發證件六件。
院長孔祥熙
監印畢繼沆
校對張名掄

学任务外，还帮助当地发展矿业，组织村民识字、联欢。

父亲曾经留学法国，回来时带了一个相机回来。由于当时理化系师生关系非常亲密，接触很多，就留下了很多1937级学生的值得纪念的珍贵照片，这一台小小的德国127胶卷相机功不可没。岁月流金，下面我们就借一张张旧照，来回忆往昔的点点滴滴吧。

学生社团

1939年部分时事研究会成员在大观楼合影留念。时事研究会是由1937级学生成立的，成员也是这一级的同学。

一排：左一严济堂、左三杨佩玲、左四王仁芳、左五缪立和、右一赵建中。

二排：左四李钟俊、右一龙文池烈士。

三排：左一段端素。

购物凭证

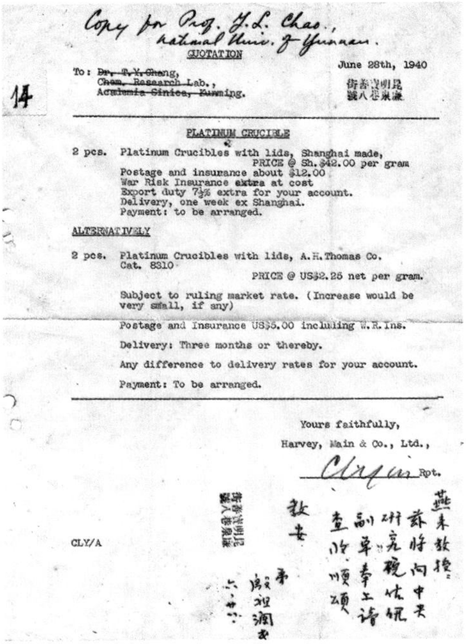

Copy for Prof. Y.L. Chao,
National Univ. of Yunnan.

QUOTATION

To: ~~Dr. T.Y. Chang,~~
~~Chem. Research Lab.,~~
~~Academia Sinica, Kunming.~~

June 28th, 1940

14

PLATINUM CRUCIBLE

2 pcs. Platinum Crucibles with lids, Shanghai made,
PRICE @ Sh.$42.00 per gram
Postage and insurance about $12.00
War Risk Insurance extra at cost
Export duty 7½% extra for your account.
Delivery, one week ex Shanghai.
Payment: to be arranged.

ALTERNATIVELY

2 pcs. Platinum Crucibles with lids, A.H.Thomas Co.
Cat. 8310
PRICE @ US$2.25 net per gram.
Subject to ruling market rate. (Increase would be very small, if any)
Postage and Insurance US$5.00 including W.R.Ins.
Delivery: Three months or thereby.
Any difference to delivery rates for your account.
Payment: To be arranged.

Yours faithfully,
Harvey, Main & Co., Ltd.,
Rpt.

CLY/A

1940年6月28日，云南大学理化系委托商务印书馆向国外购买铂金坩埚的一个凭证。

毕业证书

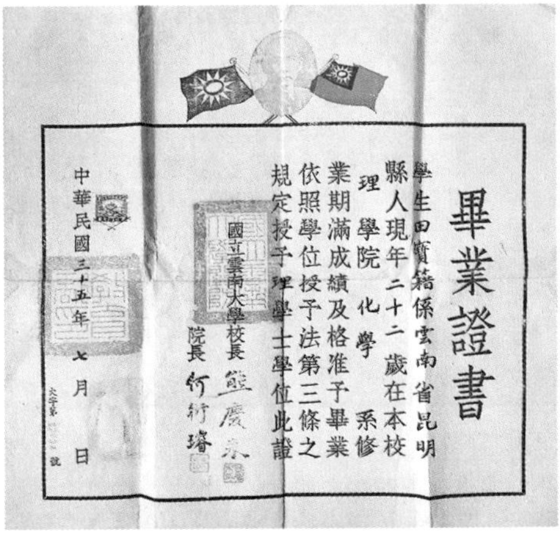

畢業證書

學生田寶籍係雲南省昆明縣人現年二十二歲在本校理學院化學系修業期滿成績及格准予畢業依照學位授予法第三條之規定授予理學士學位此證

國立雲南大學校長 熊慶來
理學院院長 何衍璿

中華民國三十五年七月日

1946年，理学院化学系学生田宝籍的毕业证书，当时的校长是熊庆来。

戏剧表演

1937级学生利用暑假宣传抗日救国，组成服务团到大理等地去演当时最流行的街头剧《放下你的鞭子》。这样的剧目当时在中国非常流行。照片里戴头巾扮演女儿的是1937级理化系学生陈天锡，同班的李殿元扮演父亲（中间坐者），两人后来成为夫妻。

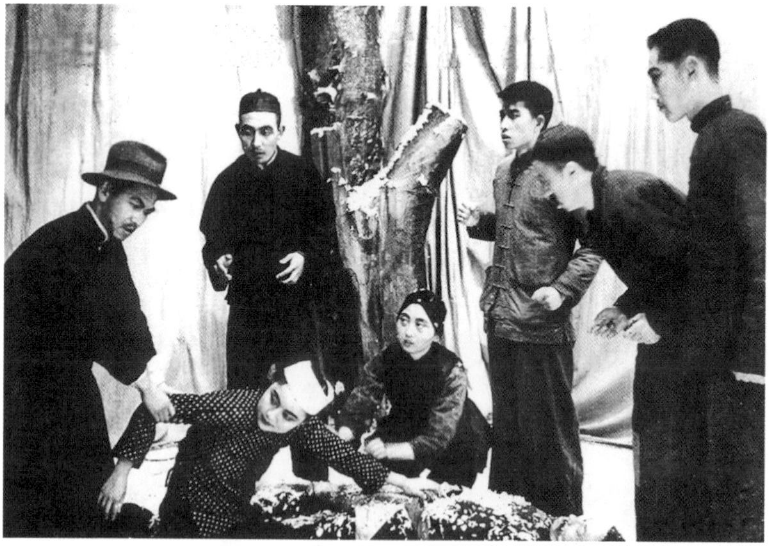

为迎接解放军进驻昆明，云大理学院1947级师生精心排练了歌剧《白毛女》，化学系的王文亮扮演王大栓并刻写剧本，刘庆娴负责服装剧务。左立者二为王文亮。排演话剧在当时是一件比较轰动的事，在整天打仗，不能上课的情况下，他们靠卖戏票来维持自己的生计。

1948年3月4日，理化系学生参观马街大成实业公司瓦窑分厂的情景。

教学研讨

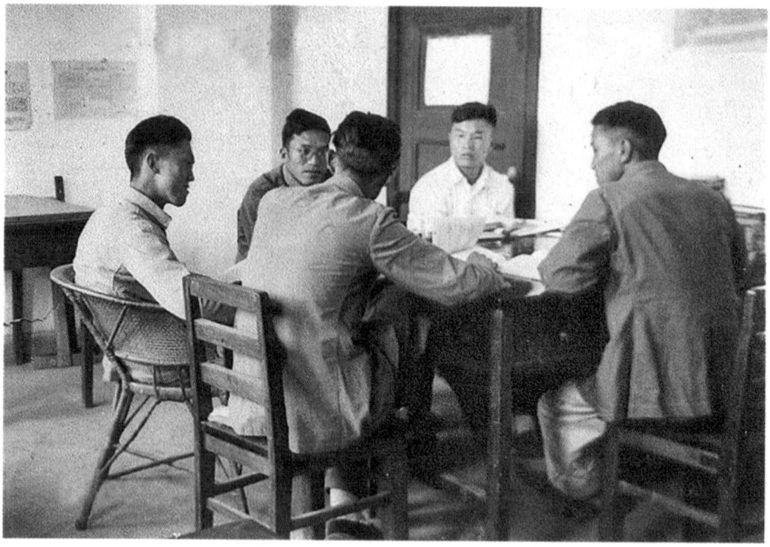

1954年4月15日，分析化学小组的老师们在讨论苏联教材中“中和法”这一章节的情景，非常珍贵。

20世纪70年代初莫亮猷老师（右一）在化学实验室指导工农兵学员做分析化学实验。

1947年国立云南大学男女子篮排球代表合影。四排左四是校长熊庆来，一排左三是化学系王文珍，二排左四是吴佑礼。

校女子篮球队大约在1955年留下的合影。正是这张照片，定格了她们当年英姿勃发的身影。二排右二是化学系学生佘国华。

义勇军自卫队

云大师生组成的义勇军自卫队第3支队部分成员。这张照片反映了1949年全国解放后，1950年昆明还在打仗的历史，那时叫昆明保卫战。由云大师生组成的义勇军的主要任务是护校。老师和学生拿起枪来的照片不多。一排：左一徐德祥、左二徐绍龄、左三吴佑礼。

大炼钢铁

1958年拍的56级部分化学系师生在中甸大炼钢铁时的合影。一排：左一谢金伦、左二周中万老师。当时由老师带领学生一个小组一个小组地到地方上炼钢铁。

1937级理化系学生李钟俊

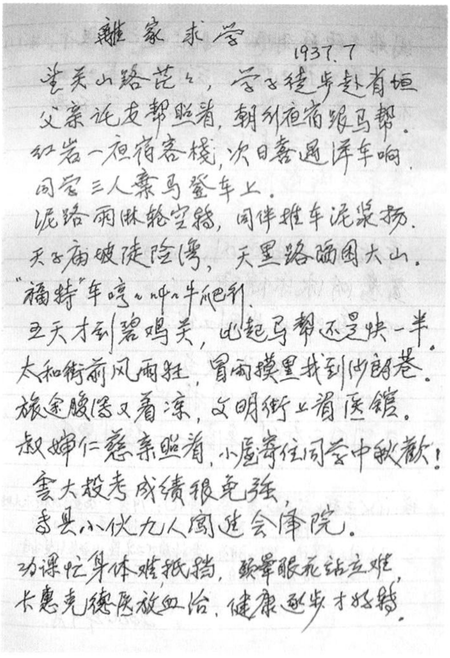

離家求学

1937.7

丝关山路茫茫，学子徒步赴省垣
父亲托友帮照看，朝行夜宿跟马帮。
红岩一夜宿客栈，次日喜遇汽车响，
同学三人弃马登车上。
泥路雨淋轮空转，同伴推车泥浆扬。
天子庙坡陡险湾，天星路隔围大山。
"福特"车哼哼叫叫牛爬行。
五天才到碧鸡关，比起马帮还是快一半。
太和街前风雨狂，冒雨摸黑找到沙朗巷。
旅途腹泻又着凉，文明街上看医馆。
叔婶仁慈亲照看，小屋寄住同学中秋欢！
云大投考成绩很勉强，
寻甸小伙九人闯进会泽院。
功课忙身体难抵挡，头晕眼花站立难，
卡惠克德医放血治，健康逐步才好转。

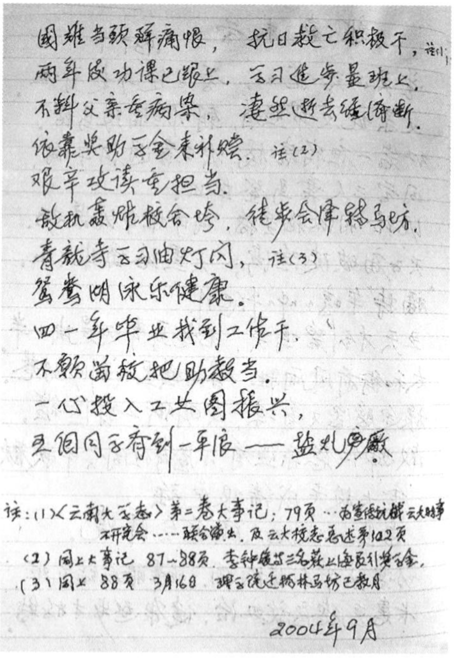

国难当头群痛恨，抗日救亡积极干，注(1)
两年级功课已跟上，学习进步是班上。
不料父亲重病染，凄然逝去经济断。
依靠奖助学金来补偿。注(2)
艰辛攻读重担当。
敌机轰炸校舍垮，徙步会泽赫马坊。
青龙寺学习油灯闪，注(3)
鸳鸯湖泳乐健康。
四一年毕业找到工作干，
不愿当校把助教当。
一心投入工业图振兴，
五個同学齐到一平浪——盐兴厂。

注：(1)《云南大学志》第二卷大事记：79页……为宣传抗战云大时事研究会……联合演出。及云大校志卷述第102页
(2) 同上大事记 87~88页 李钟俊等三名获上海辰光奖学金。
(3) 同上 88页 3月16日 理学院迁移林马坊已数月

2004年9月

1937级理化系学生李钟俊在2004年9月写的求学感想，从字里行间可以了解到当时学子求学的艰难，求知的执着以及学成报国的一片赤子之心。

1937级理化系学生于1941年8月毕业时的师生合影。
后排左起：李钟俊、周清幽、张泰阶、李殿元、陈光宗、王肇伦、高尚齐。
中排左起：缪熙雍、赵建中、罗霞明、张华、袁孟仁、陈天锡、范淑谨、袁绩棠。
前排左起：王儒友、夏恒蝶、李如珺、赵雁来、胡嘉模、张孝友、杨沛霖、段端素。

1937级理化系部分师生于1941年在嵩明马坊镇青龙寺（云大马坊分校礼堂）前合影。

1941年，1937级理化系部分师生在云南大学正大门前合影。从照片里学生的穿着以及表现出的气质和精神面貌，可以了解到当时能读书的都是处于社会中上层的，有一定经济基础的家庭子女，尽管学校当时不收费，但入学者要有钱才行。（段端素供）

1941年泽清堂刚建成时，1937级理化系学生在泽清堂前的合影。1938年龙云夫人顾映秋捐建映秋院后，1941年，卢汉（时任第一集团军总司令）的夫人龙泽清捐款修建与映秋院相连的女生宿舍，后被命名为泽清堂。泽清堂当时是云大女生宿舍，后被日机炸毁。泽清堂为传统大殿式建筑，由著名建筑学家梁思成、林徽因设计。

1941年，37级理化系师生在至公堂前合影。1993年，经中共中央宣传部批准，由全校党员捐款，在此地树立起一座云南大学革命烈士纪念碑。

1950年，欢送参军学生的合影。当时正值抗美援朝，需要有文化的青年加入部队。这一届学生是新中国成立后第一届毕业生。（徐绍龄供）

1951年7月，云大化学系50级学生欢送杨汉生同学参军纪念照。

会泽百家 至公天下

1955年拍摄的1953级化学系部分同学在物理馆前的合影。右一余国华，右三谢家敏。

左上这张是1956年化学系1953级部分学生在化学楼前的合影。早年化学楼两旁都没有树。那时候苏联人爱唱歌跳舞，所以他们就拉着手风琴，而且也开始学着苏联人穿裙子了。右下这张大约是1955年在唐继尧雕塑前的合影，这个雕塑在“文化大革命”时被毁了。

54级化学系学生在1958年9月拍的毕业照。后来成为中国工程院院士的陈景（倒数第二排右四）就在其中。（倪开成供）

云大58级有机合成专门化毕业生在1962年拍的毕业照。后来成为中国科学院院士的孙汉董（第二排右三）在其中。（尹建国供）

1959年8月，云大化学系毕业生欢送苏联专家合影。20世纪50年代，有苏联专家来云大讲课。苏联专家来云大后不久，云大设立了国内独一无二的植物化学专业。赵树年先生为此专业的创始人，并一直讲授植物化学课程，为我国植物化学研究培养了大批人才，使我国的植物化学研究一直处于国际领先水平。照片一排右一是王树勋，右二是校党委书记李书成，右四是校长李广田，右五是赵雁来，右六是高振中。

这张照片大约是1963年前后拍的。当时印度尼西亚排华，许多华侨纷纷回国。照片左边的女孩子就是从印尼回国到云大理化系就读的学生，右边是她的老师佘国华老师。昆明下雪是件稀罕事，师生在雪景中留下了这张合影。

1969年，化学系1962级4小班毕业后组成学生连到部队农场劳动锻炼时的合影。前排左一为梁公卿，曾任云南省副省长。前排右一为李青。

1941年夏天，1937级理化系师生在会泽院大门前合影。看得出来站在高处的男生李钟俊（后排右一）、赵健中很调皮。

前排戴眼镜者为赵雁来，前排左四为段端素，前排左六为陈天锡。

1980年，曾在云大理化系任教的赵忠尧院士回昆，借此机会，部分1937级的师生再聚首，在会泽院大门前再次合影。

后排右一为赵忠尧院士，前排右起为李如琚、顾建中、赵雁来、张瑞伦。

2005年，1937级理化系尚在人世的三位同学：李钟俊（左一）、段端素（左二）、陈天锡（右二）和生命科学学院退休教师杨貌仙（右一）的合影。华年如流水，旧院依旧，人影却杳杳。

一九七九年中国古代文论会纪事

张文勋

1979年3月20日至4月4日，中国古代文艺理论学术讨论暨中国历代文论选教材研讨会在昆明召开。受教育部——当时称为国家教委——之委托，教材由郭绍虞教授任主编，副主编王文生主其事。云南大学中文系有幸承办此次研讨会，得云南省及学校各级领导全力支持，还有云南师范大学、云南民族大学等

北大学友合影。前排左起：王文生、张文勋、吴佩珠、康伣。中排左起：蔡厚示、吕慧娟。后排左起：张海珊、陶尔夫。

兄弟院校中文系的协助，来自全国各高等学校和社科界学者80余人与会，老中青三代学者济济一堂。斯时也，“文化大革命”结束不久，文坛冰雪初化，乍暖还寒；学林寒蝉解噤，百鸟争喧。会议思想解放，气氛热烈。谈诗论文，畅所欲言。会上，成立了中国古代文学理论学会。经民主协商，选出第一届理事会。推选周扬为名誉会长，郭绍虞为会长。常务理事七人，由吴组缃、杨明照、程千帆、王文生、张文勋、吴文治、敏泽组成，秘书长王文生。

会议在昆明著名风景区安宁温泉镇举行。多数学人备受十年“文化大

1979年温泉文论会期间合影。右起：张文勋、王文生、吴组缃、程千帆、侯敏泽、吴文治。

革命”之苦，劫后余生，如今能在风景如画的螳螂川畔，新朋旧友，欢聚一堂。以文会友，或喜极而泣，或惊讶而呼，愉悦之情，发自肺腑，难以言表。会议期间，先后请程千帆、周振甫、敏泽、蒋孔阳等知名教授到云大讲学，盛况空前。此次会议，是“文化大革命”结束不久，国内少有的全国性学术会议，极大地提升了云大在学界的知名度，促进了云大学术研究的发展，也增强了云南大学的学术氛围。

附录：张文勋诗四章

温泉文论会有感

螳川集萃水流长，碧玉泉深翰墨香。
劫后余生逢盛会，狱中未死著华章。
脱缰老骥飞蹄疾，解噤寒蝉鼓翼忙。
千古文章重指点，是非得失细评量。

西山睡美人

——和霍松林教授睡美人诗

一睡千秋晓梦凉，清风明月伴孤芳。
美人不解沧桑事，犹对滇池照晚妆。

奉陪文生诸学友游西山龙门

极目滇池眺蟹洲，登高一赋尽风流。
龙门未必增身价，万里云天任我游。

和马茂元教授

十载风尘运已乖，云收雨霁望春来。
晚晴喜看林园好，万紫千红遍地开。

【附记】1979年3月，中国古代文论学术讨论会在昆明安宁温泉镇召开，国内许多知名学者出席会议。经历十年浩劫，感慨殊深，与会者多有诗作以抒其情。

一九七九年中国古代文艺理论学术讨论及教材编写会议合影。
从左至右：
第一排：谢桂花　钟玉芬　蔡育曙　刘文彬　王秀莲　苏碧波　康　倪　吴佩珠　彭棣华　林　珂　吕慧娟　黎　靖
第二排：舒　芜　敏　泽　周振甫　马茂元　姚奠中　钱仲联　杨明照　李福钧　高治国　刘披云　赵　季　程千帆　吴组缃　王达津　霍松林　顾学颉
第三排：张文勋　陈昌渠　吴熙贵　蒋　凡　钟优民　王汝梅　王彦铭　樊　康　董冰竹　洛　汀　俞圣祺　吴文治　朱恩彬　熊重生　张海珊
第四排：张连弟　杨亮才　吴林伯　付世悌　沈文浩　闫大中　袁行霈　李庆甲　蔡厚示　李行健　陶尔夫　牟世金　王文生　黄迎暑　夏写时　张桎寿　李　平　刘　昆
第五排：申健中　解家阅　李泽春　吕美生　周伟民　张少康　马　白　杨　莼　冯　方　般光熹　杜东枝　彭安湘　曾烈铭　陶柏生　卢云伍　赵　锦　杨振铎

在生物系及生态学与地植物学研究所工作片段随记

朱维明

一

天然橡胶是国防和工业建设不可缺少的重要战略物资。世界各产胶国生产天然橡胶的植物主要是热带性的三叶橡胶树（巴西橡胶树）。

中华人民共和国建立不久，朝鲜战争爆发，以美国为首的西方敌视社会主义阵营的势力对新中国实行封锁禁运，天然橡胶就在封锁禁运之列。

中华人民共和国建立之前，云南和海南岛已有引种栽培三叶橡胶的尝试。但云南方面只解决了在南部和西部热区三叶橡胶树可否生长的问题，海南岛上虽已发展建立了一些胶园，但规模都不大，产胶量很小，远不能满足国家的急切需要。苏联本身无法生产所需天然橡胶，而且在“冷战”环境中也很难从其他国家进口战略物资。为解决中国和苏联对天然橡胶的共同需要，1951年政务院作出了《关于扩大栽培橡胶树的决定》，决定开辟云南植胶区。1952年，中、苏两国签订了《中苏橡胶协定》，苏方派专家到中国当顾问并贷款，在中国扩大天然橡胶生产。此后勘察适宜植胶区域的工作提上日程。1953年，中央人民政府林业部云南垦殖局成立。中央政府组织中国科学院有关专家、东北森林测量队和西南地区有关高等院校教授、讲师、学生，由云南垦殖局和相关地区政府配以行政领导和卫生、会计人员等，组成“云南农林生产调查队”（简称“垦殖调查队”），于当年2月至7月，在云南东南部和南部开展三叶橡胶宜林地的调查工作。云

照片为调查工作结束后在昆明合影。朱维明（照片前排左第一人）被分派到徐永椿教授担任组长的金平勘察组（金平调查大队的前锋踏勘小组）。

南大学农学院森林系教授秦仁昌、徐永椿，农艺系教授蔡克华、罗光心及一些青年教师，森林系三年级全班学生14人，四年级学生1人，农艺系三年级学习过土壤学的学生数人，理学院生物系三年级学生朱维明、李德霖2人参加了此项调查工作。

二

1956年，中苏两国科学院商定组成“中苏联合云南热带生物资源考察团”，发掘国防和社会主义建设事业所需热带生物资源的潜力。中方团长为中国科学院学部委员、动物研究所紫胶资源（重要国防及工业建设所需重要战略物资之一）专家刘崇乐；副团长为中国科学院植物研究所学部委员吴征镒。中国科学院商请高等院校派人参加考察工作，获教育部同意。

1956年的考察工作在云南东南部的金平、屏边、河口三县进行。云南大学派生物系、森林系及农学系少数青年教师及在读硕士研究生参加。生物系4人是教师朱维明、李德霖和随曲仲湘教授由复旦大学来云南大学完成硕士研究生学业的吴玉树、胡嘉琪。照片为1956年4月，考察团植物区系组部分成员在金平县勐拉坝东侧热带沟谷雨林中合影纪念。（朱维明摄）

考察团1957年的工作主要在西双版纳进行。其间，路过勐养时吴征镒副团长及苏联专家曾造访基建尚未完工的云大勐养生物站。照片为来访者在生物站大门前一株最大的高榕（大青树）（Ficus altissima Bl.）前合影留念。（朱维明摄）

三

1954年中央高教部同意云南大学以生物系植物专业为重点专业和发展方向之一后，生物系首先采取的一项重要建设措施是：结合教学工作，对

生物站基建早期的工地状况。（朱维明于1957年3月摄）

经西双版纳州政府批准的建站所需木料采伐场地——勐养区曼纳庄村热带沟谷雨林景观。（朱维明于1957年3月摄）

云南在国内占有显著优势的生物资源（特别是丰富的热带、亚热带动植物资源）开展研究和相关资料与标本的收藏，计划在省内建立几个“云南生物材料采集实验站”（简称“生物站”）。经学校批准和选址调查，首先

待砍伐的具有大板根的热带大乔木顶果树（Acrocarpus fraxinifolius Wight ex Arn.）。（朱维明于1957年3月摄）

生物站大门前的热带植物：中左是巨大的高榕（大青树）；中右是木质大藤本植物风车藤〔Hiptage benghalensis（L.）Kurz〕。（朱维明于1957年3月摄，右为助手、教辅员冯永民）

于1956年下半年在西双版纳州景洪县勐养坝建站。建站的基建工作由此时开始。生物系派本系1954届毕业留系任教的李德霖为在当地负责建站的教师。后李被调回学校参加政治运动，生物系另派与李同届毕业留系任教的

生物站附近一株巨大的热带附生蕨类植物崖姜蕨〔Pseudodrynaria coronans（Wall. ex Mett.）Ching〕。（朱维明于1957年4月摄，左为冯永民）

生物站所建第一幢瓦顶房屋（宿舍及工作室）。（朱维明于1957年5月摄）

朱维明接替这一工作。

四

1958年，朱维明担任云南大学生物系1959届班主任。同年8月至10月带领该班40多名学生去西双版纳进行生产实习。首先去景洪县云南农垦局热带作物试验场实习。该试验场为西双版纳热带作物研究所的前身，主要试验研究工作是三叶橡胶的北移和较高海拔山地的试验种植以及优良品系

在医科院药物站参观学习后全班合影。（朱维明摄）

的选育。其间，还到中国医学科学院在景洪的药用植物引种试验站参观学习。后期又对景洪坝的一些野生和栽培植物做了调查采集。在景洪的实习结束后回到勐养生物站。

在景洪坝考察傣族村寨重要的人工薪炭林——铁刀木〔Cassia siamea（L.）〕林。（朱维明摄）

1958年9月，中共中央、国务院发布《关于教育工作的指示》，提出教育必须为无产阶级政治服务，教育必须与生产劳动相结合的教育方针。在景洪实习结束回到勐养生物站后，按教育工作指示精神，全班在站里自己种菜，参加草顶宿舍的扩建，并支援附近农村人民公社生产队的生产劳动。照片为1958年9月参加农村生产队劳动挖老板田。（朱维明摄）

五

生物系植物学专业建设的第二项重要措施是，中央教育部将复旦大学的曲仲湘教授（国内著名生态学家之一）调到云南支援云大生物系。第三项重要措施则是，经教育部批准，聘请苏联地植物学专家、莫斯科大学生物系生物地理教究室主任沃罗诺夫（A. Г. ВороноВ）教授前来讲学一年，

1958年9月，朱彦丞教授与沃罗诺夫教授带领进修班学员去西双版纳考察、讲学。首先到勐养生物站开展工作。照片为沃罗诺夫教授（正中站立者）、朱彦丞教授（沃罗诺夫前黑衣蹲者）、进修班学员、在生物站实习的1959届学生及生物站工作人员在生物站大门前最大的高榕（大青树）前合影留念。（朱维明摄）

并结合国家交给的云南植被调查任务，举办全国范围的教师进修班。进修班由朱彦丞、曲仲湘二位教授主持，沃罗诺夫教授主讲，主要学习苏联的地植物学研究方法。参加进修班的学员，除本校6人外，另有昆明农林学

离开勐养生物站后，朱维明、沃罗诺夫两位教授与进修班学员去景洪县大勐龙的曼仰广龙山林考察、讲学。照片为朱彦丞教授及两名学员在龙山林中。（朱维明摄）

1959年初，在河口南溪考察期间，沃罗诺夫教授在指天蕉（Musa coccinea Andr.）林中。（朱维明摄）

院、四川大学、兰州大学、武汉大学、南京大学、复旦大学、中山大学、北京大学、南开大学、厦门大学、东北林学院、东北师范大学、华中师范大学、福建师范学院14所高校的17人。进修班先后去了西双版纳、金平、

1959年5月，曲仲湘教授与沃罗诺夫教授带领进修班学员去丽江县玉龙雪山，结合高山植被的考察讲学。照片为两位教授在海拔4000米的雪海边合影留念。（朱维明摄）

曲仲湘、沃罗诺夫两位教授及学员经雪海边向更高海拔地带行进，所达最高处海拔4400米。（朱维明摄）

河口及丽江等地，结合实地考察讲学。

六

1964年3月，云南大学生态地植物学研究室成立。校教务长朱彦丞教授兼研究室主任。朱维明调入该研究室作专职研究人员之一，负责植物区系方面的调查研究和植物标本室的建设。此后，朱维明按室主任的规划，配合植被的调查研究，首先从滇中及周边山体较高、植被垂直分布带较多的地区进行较全面的植物种类调查和标本采集，继而又结合研究生的培养和所负责的科学基金项目，以及相关的协作项目，扩大植物区系资料收集的范围，特别着重创建于本研究室内且在国内已居于重要地位的“云南大学蕨类植物

1979年，朱维明与同研究室的金振洲及中科院昆明分院生态室的扈克民在景东县无量山调查采集，由当地两位小青年协助工作，登上无量山第二高峰（背娃娃山）峰顶（海拔3291米）。

后排左为朱维明，右为金振洲，中为扈克民。

1980年，朱维明、金振洲、和积鉴共同带领生态地植物研究室在读硕士研究生数人，与云南林学院部分教师协同，去中缅边境的怒江州泸水县片马、古浪及德宏州的盈江县格夺、银洞等地考察、采集。照片为在格夺边防站（借宿地）附近工作结束后与边防站部分驻军合影留念。

前排左二为和积鉴，左五为朱维明，左六为金振洲。

标本室”（国际植物标本室缩写代号PYU）的充实建设。这方面的工作，在1984年6月研究室改建制为研究所后也从未间断。实际上朱维明自2007年退休至今也一直继续参与这项工作。1964年以来，除“文化大革命”动乱时期及1998年因忙于《中国植物志》第三卷第二分册的统稿（朱维明为该卷册编辑）未做野外工作，每年至少有一次野外调查采集活动，多至一年三次。

七

1985年，朱维明申报的云南省科委基金项目“怒江州与迪庆州香料植物资源调查”获批。

◀1985年7月，在怒江州贡山县的调查工作得到县林业局的大力支持配合，局长亲自陪同调查。照片为林业局长谢正高与项目主持人朱维明在独龙江边哈滂瀑布前合影留念。左为谢正高。（项目组成员王宝荣摄）

▼1986年8月，在迪庆州德钦县调查期间，项目组全体成员去到梅里雪山最大的山岳冰川——明永冰川。由于受全球气候变暖的影响，当时该冰川的冰舌下降到海拔2700米。（朱维明摄）

一张反映云大开始进入电子计算机时代的老照片

朱维华

电子计算机与数值计算在国民生产、国防应用和科学研究中均起着重大作用。云大校、系两级领导很重视这一领域在云大的发展。早在20世纪50年代，先后派出莫孜中、杨明芳、王心平、龚世生等同志到吉林大学、中国科学院、北京大学学习计算机原理及计算数学。20世纪60年代初，数学系还成立了计算数学专门化组。但由于条件限制，只能用手摇计算机开展数值计算的相关教学实践工作，广大师生盼望着能使用上真正的电子计算机。

20世纪70年代初，数学系计算数学教研组组长莫孜中从一个分配到北京无线电三厂的毕业生那里了解到该厂生产了清华大学设计的五台DJS—5电子计算机，三台已售出，还剩两台。他把这一情况向校领导杨桂宫和系领导卫念祖两位教授作了汇报，并提出了购机意图，为计算数学专业的设立奠定基础。两位教授非常支持莫孜中的意见，通过他们的努力，学校很快落实了22万元专款，并派出莫孜中、王国栋、保明堂和物理系的曾吉荣老师组成购机小组，到北京购机并学习。1972年初，克服了重重困难，在云大北院外语楼里安装并调试成功了DJS—5机。

这是一台晶体管电子数字计算机，主机柜长1.5米，高2米，宽0.8米，像家庭中的四门柜。另外，附有电源柜和磁带机两个小铁柜：长0.5米，宽0.5米，高1.2米。该机内存是个只有4096个单元（即4K）的21位磁芯存储器。此外，还有一个4096个单元的固定磁芯存储器，存放负责输入、输出的控制程序。这台机器也是云南购买的第一台电子计算机，参观者络绎不绝。

这台机器的购入大大改善了计算数学的办学条件，国家教委就在1972年批准云大成立了计算数学专业，7月份招收了第一批学生。在恢复高考制度后，云大数学系计算数学专业被国家教委批准为首批具有硕士授予权的专业，1978年招收了第一届硕士研究生。但是，这台机器有个重大缺陷，没有什么软件，俗称“裸机”。用二进制代码编制程序，编程序非常麻烦，调试程序也很复杂、困难。20世纪50年代末期以后，国内编程序算题已使用FORTRAN、ALGOL—60等算法语言，大大简化了程序的编制和调

20世纪70年代初，数学系主任卫念祖教授、黄琴竹总支书记和部分计算数学专业的师生观看DJS—5机上机操作运算过程。

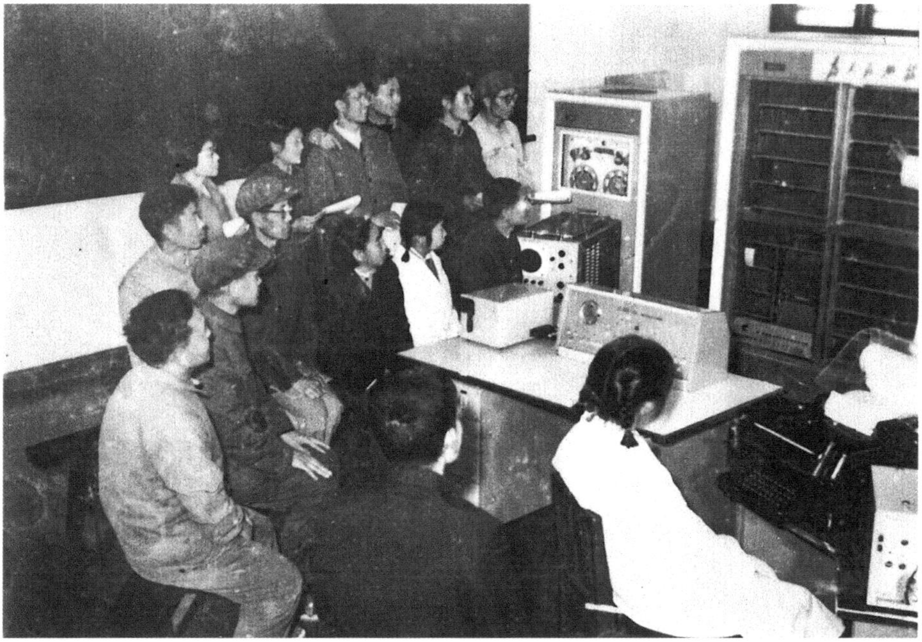

试。但这台机器未配算法语言，学生上算法语言课要到成都或西安等地去上机实习。云大的计算方法课也无法用算法语言书写算法并上机计算，所有程序只能用二进制代码编写。

为了解决这种落后状况，数学系计算数学专业申报了省教育厅的科研项目："DJS—5编译自动化"，课题负责人是龚世生老师。为DJS一5机配ALGOL一60型算法语言的任务，必须完成两件工作：第一，编写一个编译程序，它能把一个用 ALGOL—60型的算法语言写成的程序，自动翻译成机器能识别的二进制代码程序，再完成算题任务。这个起翻译作用的编译程序就属于计算机的系统软件之一。这项任务由龚世生和我负责完成，每人分担一半的编程任务。我们以清华大学电子工程系计算数学教研组为DJS—5机编制的算法语言为蓝本，修改成标准的书写格式，增加了状态位数并扩充了该语言的语句，完成了编译程序的编制工作。第二，如要使用算法语言编程序，就得配上新的输入、输出控制程序，原有的固定存储器就用不成了，必须重新为DJS一5机制作一个新的固定磁芯存储器。这项任务由我带领李其放、赵建之、孙瑞云、李航四位计算机维护工人完成。首先，我们检查了计算机背面密如蜘蛛网的多层连接线，把北京无线电三厂提供的机器图纸上的全部错误更正过来，弄清楚了DJS—5机的全部运行原理与实际执行过程。然后，我们在无原固定存储器任何技术资料的情况下，克服了重重困难，重新制作了一个新的磁芯固定存储器，使编出的编译程序能够在DJS—5机上运行。

经过近一年的努力，我们终于为DJS—5机配备了一个小型的ALGOL—60型的算法语言，彻底改变了程序设计的工作环境，使编制算题程序和调试程序的工作大大简化和方便了，这为扩大该机的算题应用奠定了基础。

DJS—5机的购入为云大数学系培养和锻炼了三支技术队伍，一是计算数学队伍：莫孜中、杨明芳、王国栋、黄其明、保明堂、廖鸿志等老师；二是计算机软件队伍：龚世生、钟维明、田志良、周堂福、叶玉兰、盖起贤和我；三是以何峥嵘老师为首，带领青年工人组成的计算机维护队伍。这三支技术队伍，为计算学专业的发展壮大和后来计算机软件专业及计算机系的成立奠定了基础。

云大数学系利用这台DJS—5机为经济建设做了大量应用工作和培养了大批外单位人员。许多企事业单位纷纷派人来云大数学系机房学习和进行工程设计计算，云大先后举办了“测量电算班”“数学地质电算班”等，为全国冶金、地质、测量、水文等专业培训了使用计算机的工程技术人员近千人。江苏农机学院、贵州山地农机研究所与数学系邹举、王国栋、王重光合作，利用这台机器完成了“倾斜动线形成犁曲面”的国家课题；王学仁教授和杨明芳教授首创的数学地质的运算程序和结果也来自于这台机器，上述两项均在1978年全国科学大会上获得科技成果三等奖。此外，在物探、冶金、水电等方面许多获奖的项目中的计算任务也是在这台机器上实现的。

随着我国计算机事业的发展，学校又在20世纪80年代,购买了更先进的国产的集成电路计算机：DJS—130机，这台DJS一5机完成了自己的历史任务，进入了“博物馆”。

“七一五”运动精神在云大熠熠生辉
——参加云大党史资料征集座谈会的回忆

何正芳

一、座谈会的历史前提

在我们党的历史上，由于“左”的错误思想的影响，对在昆明发生的“七一五”反美扶日运动的认识曾遭到了扭曲。中华人民共和国成立后参加这一运动的同志，受到了一些冤枉和不公正的对待。中共十一届三中全会重新确立了党的实事求是的思想路线，经过拨乱反正，党的十二大召开前夕，1982年2月，中共中央批发中共云南省委的报告，为“七一五”反美扶日的爱国运动恢复了历史的本来面目。报告指出：“1948年开展‘反美扶日’运动，在“七一五”事件中，地下党组织领导是坚决的，群众斗争是英勇的。”这个结论是完全正确的。党领导下的昆明“七一五”反美扶日的爱国运动，是云南人民革命斗争的一段光荣历史，也是中国青年革命运动史上的光辉一页，在云南大学历史上谱写了可歌可泣的光辉篇章。

二、座谈会在云南大学的召开

1982年党的十二大召开后，各行各业迈上了改革开放的大道，云南大学进入了发展的新时期。1984年1月9日至13日，云南大学党委根据云南省委党史资料征集委员会的安排，召开了云南大学地下党和“七一五”爱国学生运动两个专题的党史资料征集座谈会，会议由云南大学党委书记吴道源主持。出席这次座谈会的有中华人民共和国成立前曾在云南大学工作过的老同志，有曾参加和领导“七一五”反美扶日爱国学生运动的老同志，有云南大学、师范学院和部分中学的党组织负责人，有云南大学党政领导和宣传部、总务处、马列教研部党史教研室等单位的领导同志，还有曾参加“七一五”反美扶日爱国学生运动，并参与会泽楼守卫战斗的原云南省委副书记、省长普朝柱同志及曾作为昆明市工委领导、原省委党史资料征集委员会副主任的陈盛年同志。

以下为当时参加座谈会的人员名单：

吴道源（云大党委书记）、杨光俊（云大校长）、刘西芳（云大党委副书记）、刘洪（云大宣传部长、党史组长）、杨绍珠（云大总务处处长）、马荣柱（云大工会副主席）、曹铎光（云大马列部主任）、何正芳（马列部教师）、杨继琼（马列部教师）、袁用之（当年昆明市工委委员）、刘振江、刘克光、卢泽华、潘明、侯方岳（当年省工委领导）、杨夫戎、张家驹、李艺群、何贵、王延祺、王庚、周康、李济世、段家陵（当年云大学联主席）、杨志平、李芬、欧山、王作琦、廖继章、黄如英、马丽、王子厚、冯景行、杨知勇（当年云大学生党支部书记、学联党组负责人）、唐懋昌、麦先培、余丹、段竹荪、董坤德。参加这次座谈会的共39人。

这次座谈会，是云南大学历史上第一次党史资料征集座谈会，参加座谈会的人多，尤其各级领导多，老同志多，座谈会持续的时间长。由此看出云南大学对此十分重视，这次座谈会对改革开放中的云南大学的建设和发展有着重要的影响。

三、座谈会形成的共识

云南大学是一所有着光荣革命传统的学校。从1925年“五卅”运动东陆大学学生组织“沪潮后援会”开始，云南大学学生一直是站在时代和革命的最前列，不吝惜自己的青春和热血，许多革命事件和革命英雄人物都与云南大学紧密相连，特别是在抗日战争时期和解放战争时期。

抗日战争时期，西南联大是昆明民主运动的主要力量，云南大学是与联大并肩战斗的重要力量，云南大学成为抗战时期昆明“民主堡垒”的著名论坛，云南大学至公堂成了历史的见证。华岗、楚图南、周新民、尚钺、郭佩珊等云南大学党员教授团结民主人士，在联大、云大教师及云南上层人士中发挥了重要作用。

抗战胜利后，联大复员北上，昆明学联领导中心转到云南大学，学联主要负责人的工作，由云南大学学生自治会常委担任，学联日常工作由云南大学学生自治会负责。同时，学联办的机关刊物《学生报》工作也转给云南大学负责编辑。云南大学成为昆明学生运动的中心、昆明学生运动的组织领导者、学生运动的主要力量。从1946年6月至1949年12月云南解放这段时间，云南大学党组织在云南省工委领导下，团结云南大学革命师生，完成了党交给的各项任务。在风起云涌的昆明学生运动中，云大革命师生继承和发扬了“一二·一”运动的光荣传统，团结昆明各大中学的学生，广泛深入地开展了“抗暴”运动、“反饥饿、反内战、反迫害”运动、“助学”运动、“人权保障”运动，特别是在1948年“七一五”反美扶日的爱国学生运动中，国民党反动派称云南大学是共产党的“学运司令台”，把云南大学作为重点打击对象，妄图从云大学生中发现地下党组织的线索，进而破坏整个云南地下党组织。在“七一五”运动前的学生运动中，国民党反动派公布黑名单，昆明市被列入黑名单的人有210人，其中云大学生就有75人，占1/3。在“七一五”反美扶日爱国运动中，当敌人对云南大学实行武力封锁围困，断水断电，武力进攻会泽院时，学生面临着被抓捕坐牢牺牲的结果，但云大革命师生不避艰险，不怕牺牲，坚持革命斗争。当敌人武力进攻会泽院时，大批共产党员和“民青”成员被捕，有的关监，有的送交特种刑事法庭。在送特种刑事法庭的76人中，云大学生占20人；在36个共产党员中，云大有9人。被捕学生忍受了各种酷刑，他们严守纪律，保护了党的组织，使敌人破坏云南地下党的阴谋破产。

地下党组织在云大领导学生运动中，培养了大批干部，其中输送到农村参加革命武装斗争的人数达600多人，中国人民解放军滇桂黔边纵队的每个支队都有云南大学学生，他们在军事、政治、文化等方面都起到了重要作用。

在云南大学师生中，有不少人为革命献出了宝贵生命。被正式定为革命烈士的有65人，烈士总数在全国各大学中仅次于北京大学，这一事实从另一方面反映了云南大学在民主革命斗争中所做出的突出贡献。

云南大学师生在从事爱国民主运动的同时，从不放松对科学文化的追求。特别是熊庆来执掌云大校政的十二年，提出了“将云大办成小清华”的口号。云南大学十二年的发展，使云南大学成为学科门类齐全、颇具规模的综合大学。当时云大聚集了大批知名的学者，培养了大批高质量的人才。当时的昆明成了大后方的学术中心，而这个中心又是以两所高校为核心的，这就是西南联大和云南大学，说云大是“小清华”实在是恰如其分。就是在抗战艰难困苦的条件下以及后来的内战民不聊生的情况下，云大发展起来、成熟起来，迎来了它最辉煌的时代。云大培养出来的学生中，不少人在新中国成立后，为祖国经济发展、繁荣及科学文化事业做出了应有的贡献。

云南大学前身是东陆大学，早在1925年就有学生运动，1927年就开始有共产党的活动。从1927年到1949年这二十二年的血与火的斗争中，云南大学的革命师生忧国忧民，追求真理，勇于献身，为新中国的建立，为云南各族人民的解放做出了贡献。云南大学的光荣传统，对青年学生进行爱国主义教育和革命优良传统教育起着重要的作用。云大在党领导下进行革命斗争的历史，是云南大学发展不可忽视的宝贵精神财富。

四、座谈会后形成的成果

这次座谈会后，云南大学与省委宣传部、省党史研究室、省社科院、省档案馆、师范大学等单位和个人协作配合，从多方面、多层次，采用不同方式征集、查询、研讨、整理云南大学地下党和“七一五”学生运动的历史资料和历史图片，由云南人民出版社出版了《昆明“七一五”爱国民主运动资料汇编》一书。为隆重纪念“七一五”运动40周年，1988年7月13日，云南大学校刊刊出《昆明地区“七一五”爱国民主运动40周年纪念专辑》，刊登了原中共云南地下党领导郑伯克题词“继承和发扬昆明青年学生运动的光辉传统，以坚定当代青年报效祖国献身四化的信念”和中共云南省委书记普朝柱的题词“为理想而战斗，在战斗中成长”。成立了昆明地区“七一五”爱国民主运动40周年纪念筹备委员会，省党史研究室主任陈盛年任主任委员，并对纪念活动作了部署：在云南大学隆重举办“七一五”运动40周年纪念大会，举办“七一五”运动学术讨论会，举办昆明地区“七一五”爱国民主运动40周年纪念展览，由云大“七一五”运动40周年筹备组与云南省政协文史资料研究委员会合编出版《“七一五”爱国民主运动40周年纪念专辑》。同时，由中共云南大学委员会和校行政领导根据原“云南大学附属中学”校友的强烈要求，报请省有关部门批准，决定在开展“七一五”爱国民主运动40周年纪念活动之际，将“云大职工子弟中学”改名，恢复为“云南大学附属中学”，以继承和发扬老“云大附中”的光荣传统。同年7月15日，昆明地区“七一五”爱国民主运动40周年纪念大会在云南大学隆重举行，当年参加“七一五”运动的老同志二千余人参加了纪念大会。原云南地下党领导郑伯克，中共云南省委书记普朝柱在大会上发表了重要讲话，号召大家发扬“七一五”运动的爱国主义和英雄主义精神，在改革开放中勇于探索和开拓，沿着中国特色社会主义道路前进。云南大学编辑出版了《云大英烈传》（一、二辑），记录了云南大学60多位英烈的光荣事迹。1992年在云大校园树立了“云南大学革命烈士纪念碑”，在云大至公堂前树立了英烈塑像。1993年云南大学70周年校庆之际，省市领导及来宾、校友在至公堂前举行云南大学革命烈士纪念碑落成揭幕仪式，云南省长和志强在揭幕式上讲话，他提出：云大革命先烈的可歌可泣的事迹，是云大的光荣，云南的骄傲，是我们学习的楷模。并号召大家牢记革命先辈的遗志，为祖国的繁荣昌盛，为人民的富裕幸福，继续团结奋斗，开拓新的未来。在“七一五”运动50周年际，云南大学与省党史研究室联合在云大举办“七一五”运动50周年展览以及云南大学革命烈士事迹展览，大量的历史资料及历史图片以及英烈事迹介绍，在向青年学生讲述昨天的豪迈与壮烈。省委宣传部把“七一五”运动50周年纪念展览，作为向青年学生及各界群众进行爱国主义教育和革命传统教育的基地。云大和省党史研究室联合出版了“七一五”运动研究的成果《黎明前的学运大潮》（上、下册），由中共党史出版社出版。

五、继承和发扬云大的优良革命传统

民主革命时期，云大人在风起云涌的革命浪潮中，写下了光辉的历史篇章，铸就了云南大学永远的风节亭。至公堂成为“民主堡垒”的著名论坛，闻一多先生在至公堂的最后的怒吼，为“至公天下”作出了最好的诠释。至公堂成为全校爱国师生集会和声讨反动派，争取自由民主和解放的重要场所，是云大历史的见证。至公堂前的烈士纪念碑和英烈塑像，象征着云大人的豪迈与壮烈，她们和云大及云大人永远在一起，屹立在云大人的心上。

所有这一切永远是云大人最好的历史教科书，是云大历史文化蕴含着的政治智慧和道德滋养。讴歌老一辈的爱国主义情怀和英勇不屈的革命斗争精神，不就是云大“至公天下”的正能量吗？这光荣传统也正是云大人要永远继承和发扬的传统。云大精神是在云大历史和现实中存在着的，云大历史文化的厚重，是今天云大建设发展和创新的精神力量。追思云大的峥嵘岁月，我们不禁要问：在云大“七一五”运动斗争的白色恐怖中，是什么力量鼓舞着云大这批青年学生奋不顾身地投入革命的洪流，为革命

1984年1月9日，云南大学第一次党史资料征集座谈会开幕，图为与会人员合影。

奉献出自己的青春年华，有的甚至献出自己宝贵的生命？历史的答案只有一个：就是他们的爱国主义和共产主义精神的闪光，也就是他们的理想信念，铸就了他们的行为，这就是他们的精神。对今天的云大人来说，继承这个传统，是一种历史责任，发扬光大这个传统，则是一种终身的追求。我们要让“七一五”运动的精神在云大熠熠生辉。

民国末年晚翠园教授生活纪实

张有京

1948年上学期，我的父亲张德光接到其恩师钱穆先生来信，钱先生将筹办江南大学，不能续受云南大学之聘，特向熊庆来校长推荐父亲以代之。并告知，先生已嘱咐李埏先生（父亲与李埏伯伯同为钱先生的拜门弟子）负责安排好父亲及家人到昆明的生活及有关事务。恩师之嘱不可违。接熊庆来校长聘书后，父亲辞去兰州大学教职，举六口之家千里迢迢到达昆明时已身无分文，承蒙校文史学院院长方国瑜伯伯热心关照，在学校发薪前向校方预支两块大洋以解父亲燃眉之急。李埏伯伯慷慨地将学校刚分给他的，在校内晚翠园的两大间平房让给父亲安家急用。见到父亲带着一家子人风尘仆仆到来，李伯伯惊道："张师兄，你真大胆呀，怎么把四个孩子全带出来了，你能养活这一大家子人吗？"母亲乍听，吓得魂不附体。堂堂一位大学教授难以养活六口之家岂不是天方夜谭？而这恰恰是当时旧中国的写真。1948—1949年，国民党反动派妄图挽回其已摇摇欲坠的政权，疯狂发行纸币，造成蒋管区货币贬值，物价飞涨，民不聊生，即便大学教授也在所难免。就以我童年时代居住的云大校内小有名气的教授大院——晚翠园而言，那儿居住着刘文典、何衍睿（教务长）、方国瑜、张德光、彭元士、杨桂宫、李为衡、朱锡侯、王森堂、周树怀、徐骏平十一户高知家庭，许多户的生活也濒临绝境。

何教务长为养活十一口之家，只得在其家庭院中喂猪养兔，略补子

1950年，张德光教授与夫人刘兆芹摄于晚翠园住宅庭院。他们身后是明代昆明北城墙遗迹。

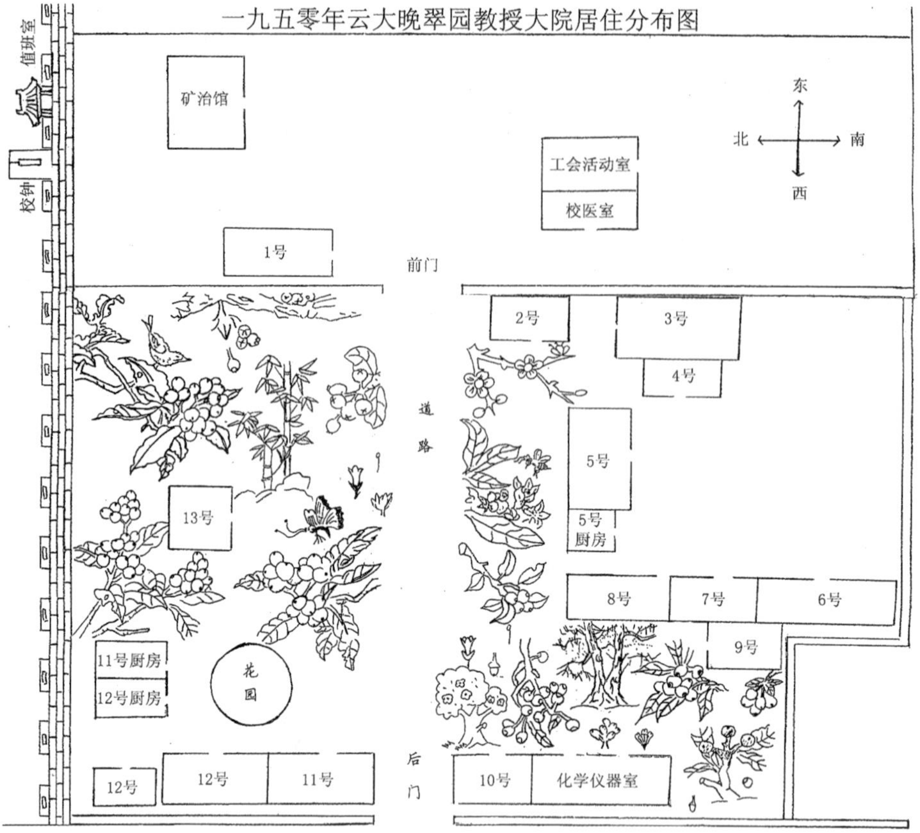

这是1950年云大晚翠园教授大院居住分布图。本院居住教授、副教授共11户。1号潘清华，2号彭元士，3号何衍璿，4号杨桂宫，5号刘文典，6号方国瑜，7号李为衡，8号是一位美籍女教师，9号王森堂，10号徐骏平，11号是云大医院会计唐曾莹，12号张德光，13号朱锡侯。

此图是张德光次子、云南民族大学教授张有京于2017年4月绘制。房号系绘制者编。

女营养不良。我父母也在园中开地种菜，以补衣食不足。这一切根于反动政府滥发金元券，造成社会经济生活混乱不堪，物价飞速上扬。据1949年父亲日记所载（后文中打“”号处为当天日记），“2月7日，米每石4000金元券。1400金元券买一个半开”，（半开是云南省发行的通用金属货币），“2月14日，米每石涨至10000金元券”，“5月13日，补发1360万金元券，可买13个半开”，即买一个半开要104.6万金元券。“11月9日上课无钱买米”。从日记中反映出：2月7日至2月14日7天中，米价从4000元上涨到10000元，涨幅为150%。2月7日至5月13日，96天中买一个半开从1400元上涨为104.6万元，货币贬值74625%。物价暴涨，人们手中握有的金元券顷刻灰飞烟灭，以至大学教授均受无米下锅之威胁。为防止因物价一日一变脸地暴涨，每月关饷（发薪）那天，居住在晚翠园的教授先生们与全校教职员工一样，一大早就等候在财务室窗前，待财务室开窗发薪取到所得薪水金元券，飞似地跑往已是人头攒动的中央银行，拼死挤向柜台兑换半开。

国民党反动政府在濒临灭亡之际，对其统治区人民的血腥掠夺，激起昆明大中学校师生的强烈反抗，父亲与本校进步教师一道纷纷加入到爱国民主运动中。我家成为历史系选修班学生运动带头人开会的秘密场所。为关心无钱买米的父亲，“5月14日，选修班送来敬师米五斗”。在中共云南地下党领导下，云大师生与全省人民终于在1949年12月迎来云南和平解放。

照片中男孩是张德光教授次子张有京（本文作者），1950年摄于晚翠园后门。

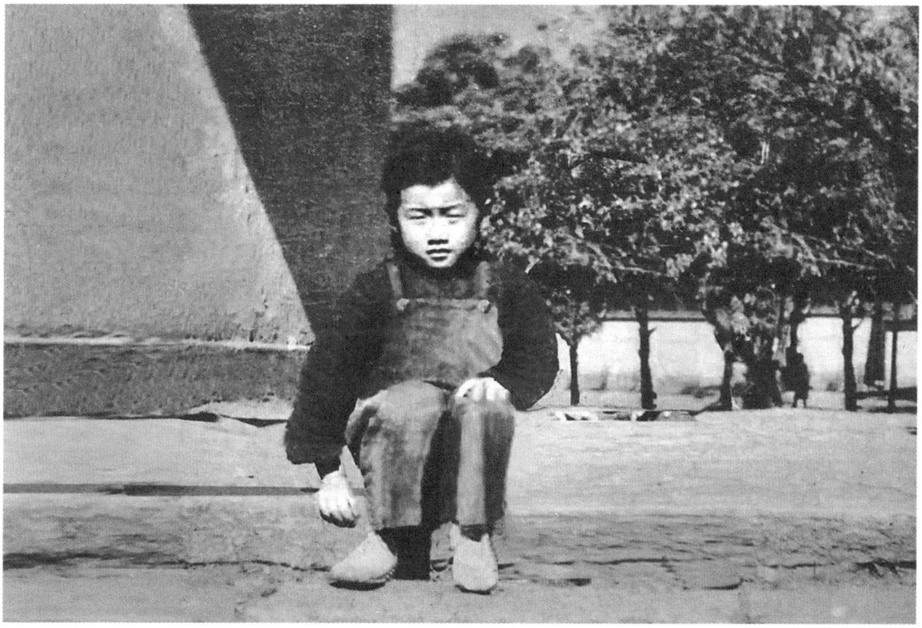

硕士生论文答辩

古明清

1988年，云南大学经济学院统计系统计学研究生王力宾（现为云南玉溪师范学院院长）、孙强（现为云南大学经济学院教授）进行硕士论文答辩，与答辩委员会老师合影。

1988年，云南大学经济学院统计系统计学硕士生论文答辩后师生合影。

前排右三是著名的西南联大毕业后赴美留学的教授张夑，右二是著名的市场营销专家吴健安教授（时任云南财贸学院院长），右一是古明清，左三是西南联大毕业的夏一成教授。这是该硕士点首届毕业生的论文答辩，起到了榜样作用。

学术报告

古明清

1988年11月17日上午，我与物理系的胡宗高教授一同参加了“全国第三届决策理论及其应用”学术报告会。受邀参加此会是因为我与胡宗高教授在当时正从事电子显微镜中浸没透镜电场电位分布研究，我们应用有限

古明清教授在厦门大学做学术报告。

元素法进行研究并有成果，形成论文，因此，该学会邀请我们参会。在此之前，我们曾请屈超纯教授指导。此次报告由我主讲。照片展示的是我在厦门大学计算机与系统工程系做专题报告的场景。

我国第一台扫描电子显微镜研制成功

云　子

1979年12月3日，云南大学物理系陈尔刚教授自行研制的YWD—IA型扫描电子显微镜通过鉴定并转入新产品的试制和生产，这是我国自制的第一台扫描电子显微镜。

扫描电子显微镜的分辨率（二次电子像）优于100A，放大倍数为40倍至14万倍（分段连续可变），达到国内先进水平，所采用的自行研制的新型阴极有特色。研制从1976年10月开始，正值“文化大革命”的后期，四川省科委和四川省机械局为满足西南地区对扫描电子显微镜的迫切需要，组织成都仪器厂与云南大学合作研制，陈尔刚教授主持完成。扫描电子显微镜的研制成功，是该研究领域的一个突破，而且电子显微镜在实际生产中有很高的实用价值。

陈尔刚教授在调试扫描电子显微镜。

方国瑜教授参观考察铜鼓

朝　晖

1979年，越南扩张野心膨胀，公然叫嚣铜鼓是他们的国宝，国宝所在的地方，皆为他们的国土。为反击越南的反动野心，方国瑜教授率他的助手和研究生到云南省博物馆进行有针对性的考察。在省博物馆，他们看

方国瑜先生（中）、徐文德（左一）、林超民（右二）在云南省博物馆工作人员陪同下，参观“滇人祭祀”的铜鼓。

到了从云南发掘出来的一批铜鼓。云南铜鼓制作历史久远，比越南铜鼓还早，而且工艺精湛，形式多样，分布区域广。大量的文物和史料，雄辩地证明，铜鼓只是一种文物，以此推断国家领土范围是多么荒谬。

参加楚雄万家坝古墓群考古发掘工作

徐声瑛

万家坝古墓群位于楚雄市城南3公里的青龙河畔，是春秋战国时期的古墓遗址，距今已有二千多年的历史了。它是1974年3月在农田基本建设中被发现的。云南省文物考古队在1975年5月试掘，同年10月，正式发掘。应云南省文物管理部门的邀请，根据学校教学计划和贯彻“学以致用”的原则，云南大学历史系74级全体同学，在系主任张德光教授和考古学家蔡葵教授的率领下奔赴古墓群考古发掘现场，在省文物考古队的指导下，进行了为期一个月的考古发掘工作。在实践中，同学们学到了许多在书本上学不到的知识，大大开阔了视野，亲手挖掘出了璀璨精美的瑰宝。万家坝古墓群发掘面积3000平方米，共

①

②

发掘古墓79座，出土陶器、玉石、玛瑙、绿松石等文物共1245件，其中以5件铜鼓最为珍贵，被命名为“万家坝型铜鼓”。经“碳14”测定结果显示，这些铜鼓距今已二千六百年左右，是迄今为止世界上发现的最早的铜鼓。万家坝古墓群是继“江川李家山”“晋宁石寨山”之后，云南省又一重大的考古新发现，它们共同见证了云南光辉灿烂的青铜文化。

①②③均为云南大学历史系74级同学在楚雄万家坝古墓群考古实习时的留影。

③

叶嘉莹先生到云大讲课

吴进仁

1980年，叶嘉莹先生（左二）在云南大学至公堂讲课。这是课后她请我（左三）吟诗的情景。

这是叶嘉莹先生（一排右三）讲课结束后和云南大学中文系老师们的合影。一排右二为系主任张文勋教授，右四为吴佩珠教授，右一为叶先生女儿；二排右一为副系主任杜东枝教授，右二为吴进仁教授，右三为李兆同教授，右四为赵仲牧教授，右五为陈红映教授，右六为系办公室主任曾广辉。

共绘舆图结深情　同谱新篇育英才

林超民

1954年9月15日至28日，中华人民共和国第一届全国人民代表大会第一次会议在中南海怀仁堂举行，毛泽东主席在会上接见北京市副市长、历史学家吴晗。毛泽东主席从阅读《资治通鉴》谈到学习历史一定要有一部历史地图放在手边，以便随时查找历史地名，弄清楚历史事件发生的空间。吴晗想到清末民初杨守敬编绘的《历代舆地图》内容较为详细，凡正史《地理志》中所有的州县基本都在图中标明。这本书正符合毛主席提出配合读史所需的历史地图要求。但杨守敬编绘的《历代舆地图》在编排上有诸多不足，翻检不便。吴晗向毛主席建议，在杨守敬的《历代舆地图》的基础上，重新绘制符合现代规范与需要的新历史地图。毛主席同意吴晗的建议，并让他负责改编绘制杨守敬《历代舆地图》的工作。

遵照毛主席的指示，1954年11月国家成立“改编杨图委员会”，由吴晗与范文澜负责。吴晗因政务、业务繁忙，推荐复旦大学谭其骧教授主持改编“杨图”的具体工作。

1961年初，中国科学院哲学社会科学部发函给云南大学，要求云南大学承担唐代南诏、宋代大理两幅地图的编绘工作，并寄来《中国历代舆地图》的规划。云南大学将这项任务交给方国瑜教授负责。1961年8月，“改编杨图”第一次工作会议在北京前门饭店召开。国瑜先生参加会议，讨论绘图的原则与实施方案。1963年5月，第二次“改编杨图”工作会议

1963年5月，方国瑜（左）、谭其骧（右）与他们的老师陈垣（援庵）先生（中）合影留念。

在北京和平宾馆召开。国瑜先生出席会议，参与研讨。这次会议采纳了国瑜先生等学者的意见，不以“杨图”绘制的中原王朝版图为限，改为以1840年以前的中国版图为范围。在这个范围内历代边疆民族地区和所建立的政权区域全部在地图上标明。云南大学承担“西南地区”舆图的编绘和地名考释。1965年1月5日，方国瑜和谭其骧等到北京参加第三届全国人民代表大会。中国科学院哲学社会科学学部召开了一天的改绘“杨图”的工作会议。同年7月，在北京和平宾馆举行第三次改绘“杨图”的工作会议，确定于1967年底完成全部绘制工作。三次会议期间，国瑜先生都和谭其骧先生拜访了他们的业师陈垣（援庵）先生，并合影留念。

1966年5月，“文化大革命”开始，改绘“杨图”的工作被迫中断。

1969年10月，绘制中国历史地图的工作在毛主席、周总理的关心支持下，在上海重新开始。11月27日，国瑜先生到上海参加绘制中国历史地图的工作会议，又与谭其骧先生一起共同编绘《中国历史地图》。1973年底编绘工作完成，定名为《中国历史地图集》。1974年《中国历史地图集》八开精装本和十六开的普及本由地图出版社出版，在内部发行。从1980年

1982年10月，方国瑜（右二）、谭其骧（左二）两位教授与他们指导的博士研究生葛剑雄（左一）、林超民（右一）合影留念。

开始，《中国历史地图集》的修订工作启动，到1988年12月《中国历史地图集》八册全部公开出版。《中国历史地图集》是1950年以来中国历史学界最有成绩的工作之一，先后获得上海市哲学社会科学优秀成果一等奖、中国科学院荣誉奖、国家教委社会科学优秀成果一等奖。

1982年10月，谭其骧先生到昆明出席《肇域志》整理工作会议。15日下午，谭其骧先生和他的博士研究生葛剑雄一起到云南大学国瑜先生的寓所拜访。当晚，国瑜先生与江应樑先生一起设家宴款待谭其骧先生。19日下午，谭其骧先生在圆通饭店向云南史学界做学术报告。时年八十岁高龄、双目几近失明的国瑜先生由林超民搀扶到圆通饭店听谭其骧先生演讲。演讲结束后，国瑜先生与谭其骧先生合影留念。葛剑雄与林超民站在两位导师的边上留下了这张珍贵的照片。葛剑雄是谭其骧先生培养的中国历史地理专业的第一个博士。林超民则是国瑜先生培养的中国民族史专业的第一个博士。这张照片记录了方国瑜、谭其骧两位先生共同绘制历史地图、培养中华人民共和国第一代文科博士研究生的佳话。

林徽因与唐家花园

辐　键

1946年2月，著名才女、作家、诗人、中国第一个女建筑学家林徽因第二次来到昆明作短期休养，住进了好友张奚若为她安排的住处“唐家花园”（与昆明北门街之唐公馆毗连的唐家花园，是今圆通山西麓孔雀园的前身），该园为中西融合的典型园林建筑。今日孔雀园内的“会泽亭”中，有2012年12月由杨德新撰、何可钦书写的内涵俊精、时空交错、情景交融、意境绝慧的佳联：

护国仰元勋　螺峰翠叠三春景

治滇垂善政　孔雀屏开五色文

在中国近代史上，和蔡锷、李烈钧一道被誉为“护国三杰”的儒将唐继尧将军酷爱园林艺术，由他聘请的中国和法国建筑师精心建造的唐家花园是杰出的中西风格建筑。在他的悉心打理下，唐家花园成了西南有名的私家花园，也是省城最大的私家园林。它与唐继尧创办的东陆大学（云南大学前称）同在一支山脉上，呈遥相呼应、息息相通之态势。自云南大学1924年正式开学以来，历届云大师生，都把对面的圆通山（后来辟为公园）当作“后花园”，或散步、或踏青、或赏花，而这座“春光外泄”的花园也自然而然地成为了云大师生们涵养心智、陶冶情操、强身健体的最

昔日唐家大门。

佳去处。1923年2月，唐继尧在花园内建立了东陆图书馆，馆长袁嘉穀亦经常在午后课余时间率领云大学子进园读书学习，观赏古物（古玩、字画等）。林徽因对唐家花园地阔景幽、花木繁茂、中西合璧的建筑风格及独特园林景观留下了非常好的印象和评价，并在她寄给终生好友费慰梅（其时与其丈夫费正清同在重庆美国大使馆工作）的信中曾这样写道："所有最美丽的东西都在守护着这个花园，如洗的碧空、近处的岩石和远处的山峦……这是我在这所新房子里的第十天。这房间宽敞、窗户很大，使它有一种如戈登·克雷早期舞台设计的效果。甚至午后的阳光也像是听从它的安排，幻觉般地让窗外摇曳的桉树枝桠把它们缓缓移动的影子映洒在天花板上。昆明永远那样美！不论是晴天还是下雨。我窗外的景色在雷雨前后显得特别动人。在雨中，房间里有一种难以言状的浪漫氛围……"

云南大学的师生们都知道，1938年2月，林徽因第一次莅临昆明是应映秋院建筑的捐献人、原云南大学第二届董事长（首届云南省长）龙云夫人顾映秋女士（原北京大学毕业生）的邀请，代替著名建筑学家梁思成前来设计映秋院的。

历史系首届工农兵学员在瑞丽县进行社会调查

韦承二

两图是我和调查组师生的合影。

上图：后排左一是徐文德老师，左二是杨明同学，后排右一是韦承二。

下图：左一是缪鸾和老师，左二是董孟雄老师，左三是历史系工宣队梅师傅，右一是韦承二。

1975年5～6月，云南大学历史系首界工农兵学员，即1972级学生毕业实习在云南省瑞丽县姐相公社顺哈大队广双生产队进行，当时叫“与边疆少数民族人民‘三同’，即同吃、同住、同劳动”，也叫“开门办学”。

当时的广双生产队是产粮大户，人均给国家交粮上万斤。由于贡献大，他们生产队的队长瑞板既是队长，又是县委书记，同时还是中央候补委员。因此，广双是边疆农业学大寨的一面旗帜。当时有个口号叫“全国农业学大寨、边疆学广双”。因此云南大学历史系1972级二十多人的毕业实习选择了广双。他们在工宣队工人师傅、历史系老师的带领下，用了近一个月的时间，完成了调查，并撰写了题为《广双生产队——边疆的社会主义明灯》的调查报告，后来发表在《思想战线》上。

笔者原是瑞丽县姐相公社顺哈大队的知青，1974年到云南大学历史系上学，懂当地的傣语。因调查组在当地语言不通，县里的翻译又很缺乏，且不能始终同他们在一起，调查起来比较困难。在当地群众的推荐下，笔者有幸为他们做了傣语翻译（笔者所在的班当时刚好学军，不影响学习）。

我的大学生活

彭佑娴

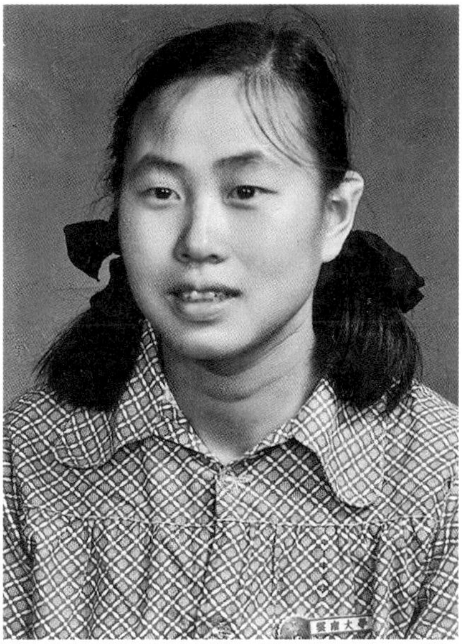
彭佑娴在云南大学上大二时留影。

我于1954年秋从四川考入云南大学化学系，这是我的第一志愿。到大学后，一切都感到陌生。主要表现为学习上的不适应。中学时，从周一到周六都由老师讲，学生听，所有的课都只在一个教室，也没有什么实验课。到大学后则不同，老师上课不多，且不固定在一个教室，天天背着书包到处跑，找教室。除了上文化课外，还有实验课，而且实验课的课时数还不少。由于课程安排不多，时间就空得较多，这就要看自己怎么安排了，不能把课余时间浪费掉，要合理安排，科学分配时间，经过一段时间的摸索，逐步形成了习惯。同学们早上六点半起床，集体做广播操，或全班同学到外操场上跑步。早餐后上课，一般都能做到课前预习，上课认真听讲，做笔记，课后复习，并补充笔记。实验课主要是化学实验，其次是物理实验，实验前做好准备，做完实验，写出完整的实验报告，交与老师批改。这样经过一段时间后，学习从不适应转变为适应。

生活上也有不适应。虽然昆明四季如春，但一下雨就变成了冬天，而在四川则是四季分明。到大学后，因水土不服，常胃痛，患感冒。在上大一、大二时，吃饭是由国家负责，自己不交钱。从周一到周六，六天早点基本不重复，中午晚餐吃桌餐，不是吃鸡，便是吃鱼。早、中、晚餐伙食都不错，就是硬件设施较差。学生食堂的屋顶是茅草盖的，一下雨，外面下大雨，食堂里面下小雨。特别是雨季来临时，漏雨更厉害。为了躲雨，同学们常端着碗到处跑。

同学们的学习热情都比较高，我也不例外，上四年大学，我没有回

20世纪50年代化学系一、二、三年级党支部全体成员的合影。
一排左起：刘绍泉、倪端正、向师梅、洪云泽。
二排左起：彭佑娴、罗庆蓉、张繁英、胡述蓉、王四维。
三排左起：危联华、王保宁、罗宗铭、赵子雄、刘有德、帅开福。

过一次家，就连寒暑假也都是在学校度过的。假期自己也有计划，多数时间是上午复习业务课和外语，下午一般到阅览室看杂志或小说。但这不是我大学生活的全部，进大学后，我就担任了学生干部，一年级寒假，我就被送到工人阶级训练班去学习。回校后不久我就入党了，我是班上第一个入党的，转正后就担任了系上一、二、三个年级学生党员组成的一个党支部的书记，工作担子就更重了。一年级时，学校在学生中开展忠诚老实运动，自己有什么问题都要向组织坦白。对教职工，包括云大医院的职工则是肃清反革命运动。一年级暑假我被抽调到云大医院去搞肃反，开学后才回到学校上课。后来又搞了反击右派的整风运动，开始进入大鸣大放阶段。我也被同学贴过大字报，有些情况是不真实的，虽然保持沉默，但心里还是不服气。后来《人民日报》发表社论，形势起了变化，开始反右，三个年级抓的右派，还没有化学系四年级一个年级抓的右派多。因此，我这个支部书记挨的批评就比较多，即使这样我还是挺过来了。在毕业前夕又来了个交心运动，每个同学都要向党交心，每天晚上全班同学都在教室交心，写材料，有时没有写的了就互相看看，你抄我的，我抄你的，或者把一条当成两条来写。晚上搞交心，白天做实验，我们没有写毕业论文而是参加大炼钢铁。我在外实习时做的是矿石的全分析，所以我天天就在实验室分析各地州县送来的矿石，对它们进行全分析，也就是把矿石里面的主要元素成分（硅、铁、铝、钙、镁）测出来，看是否有开采的价值。除了搞分析，我还参加了师生共同研究的一个课题——对稀有元素钪的提取工作。时间很紧，有时晚上要干到很晚才能休息。

不仅如此，大学四年我还参加了不少劳动。现在的银杏道，过去之所以叫“三八”路，是因为这条路是“三八”节在师傅的指导下由女同学们修建而成的。我也挖过翠湖的污泥，挑土修过青年路，挖过枧槽河泥，参加过建重型机械厂，时间还较长。

总之，四年大学生活我不但学到了书本上的知识，还学到不少实践技能，通过各种劳动提高了分析问题、解决问题的能力；通过各种劳动，培养了我的集体主义精神，树立了劳动光荣的意识。

所以说，我的大学生活过得充实而有意义，且丰富多彩、值得留恋，它为我留校工作打下了良好的基础。

一次滇南方言调查

李从宗

1957年夏天，受云南省教育厅普通话推广科委托，云南大学中文系由语言学教师及55级学生组成方言调查队，赴滇南进行方言调查。

滇南方言（有代表性的是个旧、蒙自、建水、石屏、开远、元阳等县

云大中文系方言调查队于1957年9月6日在蒙自的留影。一排右二为周文煜讲师，一排右三为龚荣星助教，其余为中文系55级学生王则昌、胡光显、余仁树、向源洪、席兴昌、李从宗。

市的方言）是云南方言中历史悠久、极有特色、使用较广的方言。这些方言语汇丰富、声调柔和、婉转动听，既有别于昆明方言，也有别于曲靖陆良方言。此次调查的目的，在于把滇南方言的音素、调类、调值用国际音标作准确的记录，然后将滇南方音与北京音作比较，找出其对应规律，以供滇南方言区的人作参考，尽快地学习和掌握普通话。

要做好方言调查，必先选好发音人。方言的发音人必须是土生土长、未曾受到其他方言影响的有一定文化知识的中年人。因此，调查队选择了蒙自师范学校的老师和学生作发音人，让他们根据选定的词汇，一遍又一遍地发音。而记音人则是中文系1955级的学生。他们须用国际音标把方音准确地记录下来。那时正值盛夏，天气炎热，工作时间稍长，发音人便口干舌燥，记音人也大汗淋漓。经过一个半月的工作，终于完成了方言调查任务，把上万片方言调查卡交给了省教育厅。

参加这次方言调查的人，除两位教师有过方言调查的经历和经验外，其他六位学生皆是生手。他们既要熟悉国际音标，还得摸索所调查的方言的音调与调值，并在记录时做到准确和统一。因此，通过这次方言调查，他们学到了课堂上学不到的知识和技能。

这次方言调查，是中华人民共和国建立后云南省的第一次方言调查，具有开创性的意义。

一次大规模的民族民间文学调查

李从宗

1958年，在中国大地上掀起了一次前所未有的生产“大跃进”的高潮，也掀起了一次民歌大演唱的高潮。当时，人人皆可为诗人，人人皆可做歌手。一时间，“大跃进”的诗歌写满街头，贴满里巷。为了记录下这次诗歌大潮中的诗歌，全国各地掀起了一股“采风”热潮。

傣族歌手。

中共云南省委宣传部在“采风”热潮的推动下，组织云大中文系1955级师生，分别赴德宏、丽江、西双版纳、文山等地区，进行了为时半年的民族民间文学调查。

各民族民间文学调查队深入边疆少数民族地区，与少数民族同胞同吃、同住、同劳动。在地头，在灯下，在火塘边，在竹楼里，记录下了数以万计的民歌、故事、神话、传说，搜集到了许多叙事长诗和佛教经典，也了解了所在地区的风俗、民情、历史和文化传统。在此基础上，经过整理，出版了傣族叙事长诗《娥并与桑洛》《线绣》《葫芦信》，纳西族叙事长诗《鲁般鲁饶》。在编写傣族、纳西族、壮族的《文学概况》之后，又正式出版了云南首部民族文学史——《白族文学史》。这次大规模的民族文学调查，为云南民族民间文学的发掘与整理积累了经验，也为20世纪60年代的进一步调查，打下了坚

德宏调查队队员在风平金塔下留影。

实的基础。

中文系55级学生，在即将毕业之际，参与了这项工作，收获颇丰，受益匪浅。这是一次终生难忘的走向社会之前的实习和演练。

风平赶摆场景。

德宏调查队在路西县（今芒市）发帕寨前留影。右一为张友铭副教授，其余为调查队1955级学生。

《云南史料丛刊》的编撰

支　点

《云南史料丛刊》是从1965年开始编撰，“文化大革命”时期被停止，1978年恢复编撰工作，直至1997年7月印刷出版，历时几十年完成的

方国瑜先生（中）和徐文德教授（左）、木芹教授（右）一起研究《云南史料丛刊》编写事宜。（此文和照片曾被《云南日报》等几家媒体刊用）

云南历史巨著。该书共13卷，600多万字。《云南史料丛刊》收集了从有史料记载到清末有关云南的史料，如此巨大的工程，直接参加者仅有方国瑜教授、徐文德教授、木芹教授、林超民教授和郑志慧教授5人。首先，他们查阅大量历史资料，如《史记》《汉书》《资治通鉴》等，然后把涉及云南的政治、经济、军事、文化、民族、天气、地理等文献资料抄录下来，每篇文章由方先生写概说，说明文章的来龙去脉和历史价值。抄录人写心得作为后记，让人一看便懂。这是少数人出力，多数人受益，前人栽花、后人乘凉的大好事，功德无量。由于长期、大量的阅读和写作，方先生的视力下降很快，晚期不得不加用高清晰的放大镜，但视力仍然很差，写字看书很困难。写字是用手指比划好，一行一行往前挪，但经常是后面写的歪斜着压在前面的内容上。我们看方先生写作，常常被感动得流下泪水。他那种执着、坚毅、顽强、不遗余力的拼搏精神让我们敬佩不已。

老教授碰到新问题

云　子

1984年4月23日，是云南大学建校六十一周年纪念日。学校隆重举行庆祝会，举办各种展览，邀请国内外的著名专家前来作学术报告。各系也举办学术报告会，展览自己的学术成果。化学系陶元器是我校改革开放后的第一位法国博士。庆祝会那天，陶元器老师汇报了他在法国攻读博士时

赵雁来先生在认真阅读陶元器宣讲的博士论文。

的部分论文，题目为《星际化学》。他还打印了一部分论文给大家阅读。坐在报告会第一排的化学系老系主任赵雁来教授一边仔细地阅读陶元器的论文，一边认真地听他的报告。可以看出，赵雁来老教授碰到新问题了。他三番五次把论文拿起来看，把眼镜凑得很近很近，若有所思地把眼镜拿起戴上，然后又把眼镜摘下来，沉思良久，不时还摇摇头。面对自己的弟子研究如此高深的课题，赵雁来先生一方面在心里祝贺陶元器，另一方面也在感叹科学发展得如此迅猛。在大学里从事教学和科研工作，要不断更新知识，不然就像逆水行舟，不进则退！这张照片在参加全国人像摄影比赛中，我以《字字重千金》为题获得二等奖。

西南亚所研究生论文答辩会留影

易　敏

1982年云大西南亚所招的研究生在1984年论文答辩后的留影。后排右一马晋强教授，右二左文华教授（所长），右三方德昭教授（所长），右四施子瑜教授，左一肖宪（研究生、后为云大副校长），左二黄敏（研究生），左三卿文辉（博士研究生），前排左一易敏（教授），左五佟应芬（副教授），左六宋锐芬老师，右一吴磊（硕士研究生，现为国际关系研究院院长、教授、博士生导师）。

云南大学第一个共青团教职员支部

李作新

1951年建立的云大第一个教工团支部——云南大学新民主主义青年团教职员支部是一个不到20人的小小先进群体（其成员大多数为“民青”转团者）。支部成员活跃在大学校园，是学校做好“上串下联”的纽带，帮助和带动在校学子努力学好书本知识，自觉接触社会，悉心投入轰轰烈烈的生产建设实践。为培养理实结合、学用一致的专门人才，支部成员既是学生思想的启迪者，又是知识的辅导员，且自己也能学习、再学习，实践、再实践，持续经受洗礼，接受磨砺，促使自身业务水平不断充实和提高。

还记得支部第一个团日活动便选在1951年的9月18日。“九一八”是中国的一个苦难日，这一天全体成员合影于唐继尧纪念铜像下大理石围栏前。以后的很多个团日活动，他们在校内（义务）植树造林、栽花育卉，同时整洁校园环境卫生；他们走出校门，积极参加整治和美化市容活动，疏通淤湖，新开街道；逢星期天或节假日，他们放弃休假，主动“出勤”（做义工），活跃在昆明市较为繁华的地区如南屏街、晓东街一带的商店、饭馆和作坊，充当售货员、服务员或端盘子的招待员，也会在“冠生园”“福顺居”“东来顺”或“北京饭店”的厨房做炊事员。这些都算是走进社会接触群众的“家常”团日活动内容，真乃“纯粹的义务劳动，经

1951年9月18日，云大第一个共青团教职员支部在昆明大观楼过首次团日时，全体成员合影于唐继尧纪念铜像下大理石围栏前。前排左起：王文亮、金钟佑、李作新、李炽；中排左起：杨允中、李育新、佘世芳、杨自超、张传、戴永年、李星龄、张天禄；后排左起：戴维华、严××、谢苍禄、戴鑫泉、吴××、杨如俊。

德、勤考验，与仁、义交融”。

半个多世纪过去了，这些往事仍历历在目。改革开放后，年轻人有这么好的学习条件，应该珍惜，应该严格要求自己，努力锤炼，打好基础，“求真知，做真人。”牢记爱因斯坦说的话：“对知识和真理的追求，并为之奋斗，是人的最高品质之一。”在求知探索的同时也应积极向先进组织靠拢，努力使自己成为一个全面发展的人。

温馨的组织生活

木　鱼

“九三学社”云南大学支社在20世纪六七十年代很出名。原因有三：其一，成员年龄偏大，平均年龄五十岁以上；其二，资历深，都是云大资深

“九三学社”云南大学支社组织生活合影。从右至左依次为徐文德教授、马开樑教授、方国瑜教授、李埏教授和马忠明教授。

"九三学社"云南大学支社组织生活合影。从右至左依次为徐文德教授、马开樑教授、方国瑜教授、李埏教授和马忠明教授。

知名的学者；三是成员全都是教授，不仅硕果累累，而且是在某一领域内有影响的人物。平日里，大家各自忙于教学和科研工作，见面的机会不多，只有过组织生活时，大家才聚到一起，一相聚就有说不完的话，倍感亲切。照片中是一次组织生活的现场，地点在会泽楼一楼，内容是支部成员老龄化，如何发展新成员。会上，方国瑜先生通报了学校布置的一些工作，希望大家在做好科研、教学工作的同时，一定要注意锻炼身体，做到健康长寿，争取为云南大学的发展多做贡献。最后，李埏先生提出，自己多年来有一个追求和愿望，就是加入中国共产党，希望得到大家的理解和支持。李埏先生在他七十岁时光荣地加入了中国共产党，实现了他的愿望。

政治系师生集会

张宗祐

这张照片是云大政治系为欢送1950届毕业同学拍的全系师生的合影照。当时暑期将至，为抓紧时间，学校决定到圆通山石牌坊旁的半坡上座谈并照相，时间是1950年7月15日上午。同学们知道后大都按时到指定地点。最早到的是系主任李德家先生和张警先生、汤鹤怡先生、赵恩钜先生等人。到场的师生不分先后，或站或坐各自定位。拍照之前大家互相问好、畅谈，并高唱《八路军军歌》和《三大纪律八项注意》等歌曲。除少数人因事没有来参加外，大部分都到了。合影结束后，各自先后分散回学校。当时由于条件的限制，没有进行其他活动。我们回学校后，一部分同学参加了在昆明师范学院（现云南师大）组织的暑期学生校园活动，我和张思竹被安排做社会调查，到文化巷平民房先摸底，对象是平民中的苦力（人力车夫、挑担人员等），他们都是早出晚归，住平房，睡地铺。晚上我们进房时有的躺着，有的正抽草烟，还有的吸大烟。张思竹宣传讲解中华人民共和国成立后的政策，他们很爱听，我询问了他们的姓名，经过几个晚上的工作，把各人的姓名登记在调查表上并整理出一份材料送到当时翠湖东边一个办事处的办公室，完成了这一差事。此时已是九月份，学期开始，我和同系的高家绩、外语系的郭衡接到团省委通知，到西南公安部的外事处报到，其实是西南公安部第四处昆明工作站。经过短时间的学习后，在老红军卢席珍科长的带领下，在太和街找了烧木炭的货车，经三

1950年7月，云大政治系欢送1950届毕业同学合影。

天的时间到达保山，第四天到专署公安处报到，单位的名称是公安处第四科。我被安排在公安处预审科协助工作，清理审查被抓捕关押在看守所内的人员。一年多的时间过去，1952年的“三反”“五反”运动来了，但工作并未停止。晚上学习政策，几天后人人检查、自我批评，再互相提意见，当时气氛紧张，搞得心惊肉跳。此时西南公安部传来信息，四处处长于炳然畏罪自杀，派出的工作站人员撤回昆明听候安排，这是1952年10月的事。回到昆明后，经组织上安排，我到云南公安厅一处，高家绩到省法院司法行政处，郭衡改名叫李祥，到昆明海关不久后又到了省外贸局，现在他二人已谢世。

六十多年过去了。今天的云大已大大改观，校园面积扩大，师生增多，教学质量不断提高，科研不断出成绩，一片欣欣向荣。当年会泽院阶梯前的大门是在左边，有收发室和一排师生的信箱，箱上各口写的是赵、钱、孙、李等姓，收发室就按邮差送来的信件姓氏放在里面由自己去翻看有没有自己的信。大门外街的左边有小茶室，大多学生在下午没有课时都会到茶室喝茶看书。那时的图书馆只借书出来，没有专门的阅览室，而今大不一样了，学生在这美好的环境里学习深造，可以大有作为。

六十年前，我们是年轻的学子，如今有的已谢世，健在的也都是满头白发，已到耄耋之年，但依然有信心能跨进云大百年华诞，见证学校大发展，见证民富国强。

1984年的暑期，杨增元早已是云大的教授，在他的建议下，昆明的同学到招待所（后为研究生公寓）集会，并请了原政治系主任李德家老先生到会。中餐后，大家在大厅门前合影，并祝李老先生幸福安康，长命百岁。

我与卫生科的那些事

徐庆华

记得刚参加工作时的自己，年轻，充满激情，并被云大医务室的浓浓情意所牵绊。光阴流逝，转眼我已年过九旬。看着黑白老照片中的自己，那些年、那些事以及那份百味杂陈的心情至今还在记忆中流连。

1951年7月我参加工作，被分配到云大校医务室当护士，我决心用我的

1952年1月，负责昆明大中学校学生体格检查工作的同志留影。

昆明市卫训班文教界同学于1953年5月拍的结业合影。

热情与责任心好好工作。那时中华人民共和国刚刚成立不久，条件很差，医疗水平低，医务室也仅有5个人。1953年，云大卫生科成立了，这时候条件虽有所改善，但是仍很艰苦。那时的卫生科没有病房，需住院的病人还得送去别的医院。药物也很缺乏，有些药物我们卫生科自己配制，工作很辛苦。照片中的很多同事与朋友也都相继去世了。很多事情现在想起来感慨万千。

就在那一年，我参加了云南省环境卫生培训班。学习一个月后回到卫生科，向寸树声副校长及各系主任汇报培训情况后，卫生科成立了爱护环境与卫生委员会，我负责宣传与组织学生进行全校卫生定期大扫除，此项工作一直延续到1958年我接受贫下中农再教育为止。

1955年，原云大医学院独立为昆明医学院。第二年，卫生科更换了科长。这一年是比较具有改革性的一年，我们有了自己的病房，是利用原医学院的教室改造而成的。后引进了一些医疗设备，如X光照射仪器、抽血化验仪器。这些照片都是给病人看病的照片，很有意义。有了外科病房后，很多病我们卫生科也能看了，不用再送往其他医院，医疗成本也就相对降下来。那几年社会发展很快，卫生科也在逐渐建设与扩大，医务人员也达到了30多人。每年寒假运动会，我们都到操场上参加巡诊。想想那时候的生活，虽艰苦，但能与云大卫生科一起成长，我感到很庆幸。

1953年4月，云南大学三十周年庆典，在至公堂设立了校友和嘉宾接待室，我们的医务点也在这里。作为护理组的组长，我认真做好本职工作，为到校的各位嘉宾热心服务，共同感受云大三十年的光荣历程。

1958年，我在接受贫下中农

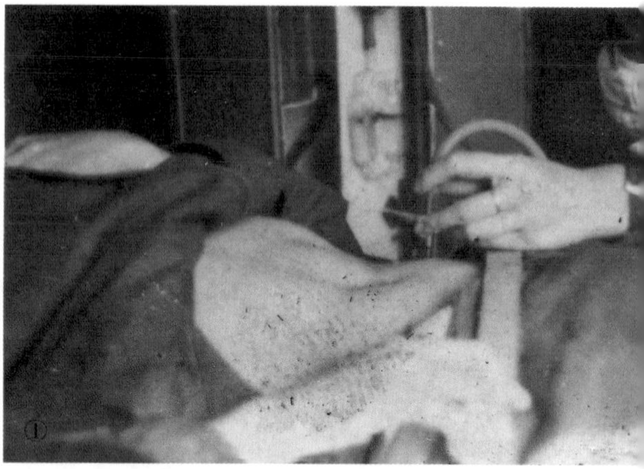

①

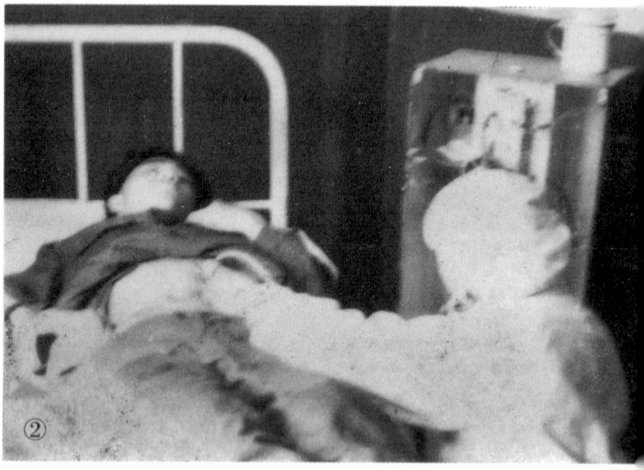

②

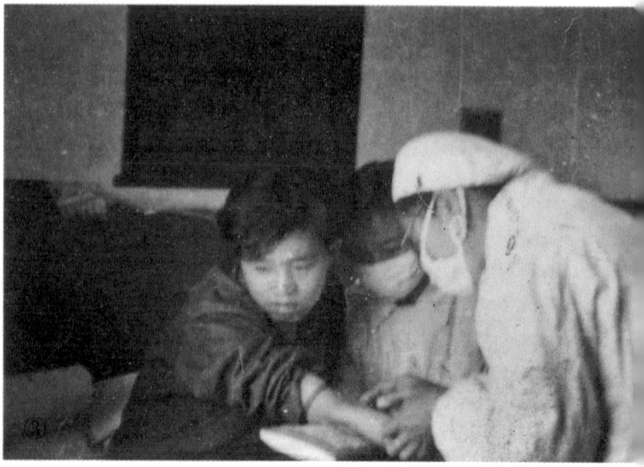

③

①②③均为徐庆华老师为病人治疗场景。

1953年成立卫生科时全体工作人员合影。三排右二为科长严耳锐，一排右四为徐庆华。

校庆30周年庆典时护理组合影。右二为徐庆华。

1953年30周年校庆时校友救护工作组合影。左二为徐庆华。

1954年云南大学运动会闭幕式上留影，徐庆华负责运动会的医疗救护工作。

再教育后回到云大医务室，被调到药房并监管配药。“文化大革命”爆发后，国家管得很严，药房禁止自己配药，使得很多药品短缺。1982年，云南大学工会组织工会组长到玉溪烟厂等企业去学习参观，长了见识，开了眼界，学到了很多经验。此后，我们医务室的发展也越来越好，获得了很多奖励，比如先进集体奖和先进个人奖。

1983年，我已到知天命的年纪，光荣退休。

岁月如歌，往事如烟。每一张照片都能引起我深深的回忆，我希望这些珍贵的记忆能够永恒。这一生与云大卫生科的缘分，我倍感珍惜。能成为云大一员，我感到骄傲与自豪。

1982年上半年卫生科先进个人合影。一排右三为徐庆华。

①②③④均为1982年徐庆华与同事到玉溪烟厂考察学习的情景。

①②③④均为1982年徐庆华与同事到玉溪烟厂考察学习的情景。

石世龙在云南大学校庆60周年学术报告会上作报告

石世龙

图为20世纪80年代初期云南大学离休干部、全国优秀教师石世龙在云南大学校庆60周年学术报告会上作报告的情景。当时石世龙任云南大学政治系主任。

“一二·一”和“七一五”纪念活动

万福麟

2005年，“一二·一”运动60周年纪念活动时云南大学农学院部分老战友在会泽院前合影。

2005年，“一二·一”运动60周年纪念活动，云南大学老战友合影。

2005年，“一二·一”运动60周年纪念活动，云南大学老战友在烈士墓前唱革命歌曲。

2008年，“七一五”爱国民主运动60周年纪念活动，云南大学部分老战友在会泽院顶楼平台开座谈会。中坐者系朱家璧同志。

难忘20世纪50年代云大历史系学生“调干班”

易　敏

光阴荏苒，如今我已步入耄耋之年，是一名老云大人了。闲时翻出旧照来，不禁有万千感慨。

岁月悠悠，往事如流水，人生都在谱春秋。至今，旧的变新，新的变旧，该留的谁也无法带走，该走的谁也无法挽留……我在母校已度过五十多个春秋，时光积淀下许多珍贵的记忆，尤其是这十几张令我怀旧的老照片。

这是我于1954年9月2日从成都空军第13航校转业，匆匆赶到云大历史系报到入学时的模样。

一、身着整齐军服，最后来云大报到的“小空军”学生

1954年6月23日，我所在的成都空军第13航校批准我可以“转业升学”。经过在部队“突击复习”，终于被云大历史系录取，还意外地收到来自云大党委组织科欧应钦同志（现云大离休干部，曾任云大科研处处长）的贺信。他祝贺我已被云大录取，为我“完成了组织交给的报考高等学校的任务”而高兴。催促我速来云大报到，并“为我们增加了新战友、新力量而骄傲”。我被这封感情诚挚、充满革命激情并表达了母校厚爱的信所感动，一直保存至今。回想20世纪50年代，在部队要升学必须得到组织批准，确认你有“培养前途”方可成行，这既是一种信任也是一种荣誉，能进入大学深造也是我人生的新起点。

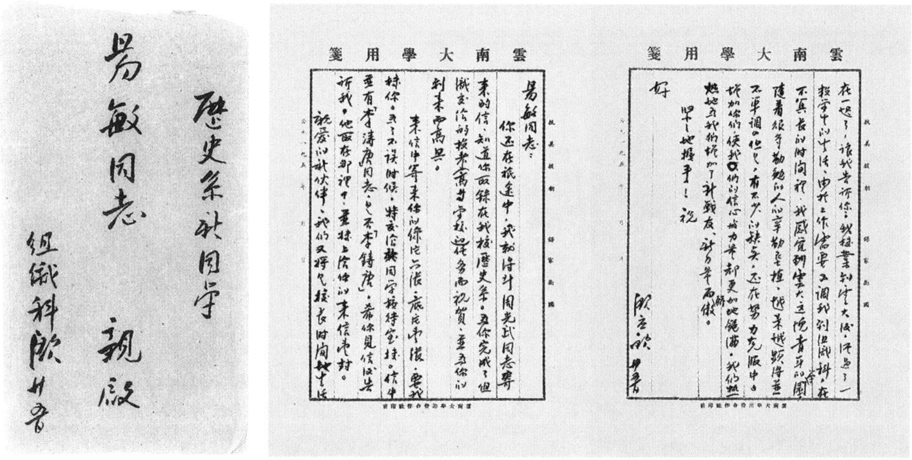

1954年，来自云大党委组织科欧应钦同志的贺信。

因为我是第一个着空军军装赶来云大报到的最后一位“调干生”，许多同学看我的姓名猜我必定是个女生，结果大失所望，以后就给我取了诨

名叫“失望”或“小空军”。

二、话说云大历史系1954级学生“调干班”

我们这个班共52人，其中“调干”学生共48人，来自党、政、军（复员、转业）各部门，其中党员22人，团员18人，共占全班83.3%，政治素质好，大多数同学具有5年以上工作经历，是云大历年招收人数最多的“调干生”班，为全校学生所瞩目。

我们这个班在全校党建活动中发挥了“战斗堡垒”作用。在全校性

云大历史系1954级学生“调干班”全班照是我保存下来唯一的一张全班合影。

左起立者第一排第三人为历史系马忠民教授（讲授《中国通史》）、第四人为杨堃教授（讲授《考古学》）、第五人为历史系系主任张德光教授（讲授《中国哲学史》），右起立者第二排第二人为方国瑜教授（讲授《中国西南少数民族史》），均系云大知名学者。最前排左一坐者为学生易敏。

的劳动中表现也较为突出，特别是参加抢修昆明市郊区的枧漕河，清淤泥、挖河道、筑堤坝、运沙石，男女同学不畏艰苦，男同学光着膀子赤膊上阵，真是干劲冲天。我们还参加了难忘的建校劳动，就凭一双手，舞长刀、劈碎石、拌水泥、和沙灰，平整了校内球场（今云大东陆广场）。那时，在校学习、劳动两不误，真正做到了“教育与生产劳动相结合”。劳动作为一门课安排在课程表里，“学生自治会”、班会、党团组织实行全方位管理，周到而具体，秩序井然。校园文艺体育活动丰富多彩，每逢周末，文理科各院、系班级均有歌舞晚会、联欢会，校学生会有专门的乐队，吹、拉、弹、唱样样俱全。我当了四年的校团委文娱委员兼班上的文娱委员，留下了难忘的美好记忆。难忘20世纪50年代，我们在云大的学习既紧张又刻苦，生活既简朴又快乐，正是

1956年，云大历史系1954级学生调干班部分党团员大观楼郊游活动合影。后排站立者右起黄惠焜、高榆、唐大体、徐柏操、朱慎言、汪受琮、苗朝柱、李慧琴、秦钦峙、刘嘉英、朱惠荣、张杰、张英志。前排蹲者：左一章峰、左二曹成章、右一易敏。

1958年参加昆明市修枧漕河劳动休息时合影。右为易敏，中为苗朝柱（班长），左为杨有赓。

1956年，畅游大观楼合影。前者为易敏，后左为黄惠焜（曾任民族学院副院长），后右为朱慎言。

学生时期的易敏。1956年摄于云大历史系。

党号召“又红又专”，向科学进军的年代，同学们吃罢晚饭，第一件事就是奔向云大阅览室（今云大泽清堂）占位子，那里摆好了几十张大长桌，我们得抢先占有一席，把书包或书、笔记本之类摆放上面，然后才安心地在明亮的灯光下认真阅读和抄写。各院系同学共坐一桌，互不干扰，肃静有序。当年在母校这种渴求知识、以学为荣的学风一直延续至今，令我永生难忘。大学四年，我的时间多半消磨在云大图书馆、阅览室内。

1958年9月，我被分配到玉溪师范学校（今玉溪师范学院）工作，临行前一日，历史系主任张德光教授（湖南人，是我的同乡）找我个别谈话，他语重心长地鼓励我去玉溪以后要认真工作，争取重回云大。系主任平时和蔼可亲，比较关心我的学习。我离别母校，谁知这一去就是十年！待我经历了“文化大革命”回到母校，系主任在“文化大革命”中也和云大一大批学者、教授一样，遭受磨难。他经历并见证了云大历次政治运动，最终心力交瘁，于1986年病逝。我一直深深地怀念他。

历史系主任张德光教授

1954级云大学生“调干班”部分同学20年后又相聚。

左一秦钦峙（云南省社科院研究员）、左二李景煜（云南省社科院副研究员）、左三张英志（贵州省民族研究院研究员）、左四杜玉亭（云南省社科院副院长、研究员）、左五邱钟仑（广西省桂林市博物馆馆长、研究员）、左六宁超（云南省方志办副主任、研究员）、左七骆正光（云南省社科院办公室主任）、左八邹启宇（广东省宣传部长，研究员）、左九易敏（云南大学国际关系研究院教授）。

三、难忘云大领导和一代名师教诲

二十年后我们同学再相聚，仍然忘不了在学生“调干班”时李广田校长和我们在一起的言谈风貌，他深入我们“调干班”听老师授课，他参加过我们的政治学习讨论会，他还和个别同学交流思想、谈心，他给我们的印象是毫无文学家和干部的“架子”，平等相待，诚恳亲和。我们总希望多听他的“专题课”，他总是充满激情，娓娓而谈，条理清晰，言简意赅。

记得那是1956年的一天，下午约4点时分，我们班正举行篮球比赛，当时我是班上文体委员，忽然注意到李校长就在球场边观看，我迎上去招呼他，他冲着我讲：“不要赤膊打篮球！你们想生病吗？”同学们只好停下。他又指着邹启宇同学（后曾任广东省委宣传部部长）说：“你们赶快回去洗澡、穿衣服。”因为那时云大正发生流行性感冒，全校正在停课期间。

云大中文系张为骐教授给我们班开设“中国文学史”选修课，很受同学们欢迎，我亲眼见李广田校长坐在教室的后座听他讲授。总之，云大各部门、院系都有他和其他校领导的身影。

五十多年过去了，我仍忘不了云大那些灿若群星的治学严谨而又平易近人的师长们。忘不了李广田校长，忘不了云大历史系许多知名学者、教授，如张德光、方国瑜、江应樑、杨堃、纳忠、李埏、方德昭、马开樑、李德家、李为衡、张家麟、武希辕、马忠民等教授，还有中文系张为骐教授，外语系王森堂教授（教俄语，我是他的俄语课代表）、张巨泽教授（教俄语）、戴钟珩教授（教“政治经济学”）、杨真元教授（教“马克思列宁主义基础”）等一批20世纪50年代在云大盛极一时的名家学者，能聆听他们的谆谆教诲，实在是一种幸运和享受。各位师长传授知识，春风化雨如甘露滋润，让我们打下了良好的文史功底，使我们在各自工作岗位上，无论教学和科研均能一展所长。五十年过去了，我们这个“调干班”大都“磨砺”成才，许多同学在高校教育岗位上成了专家学者或中学校

20世纪50年代的李广田校长。

五十年代李广田校长与夫人王兰馨教授合影。

1955年，云大历史系主任张德光教授带领1954级调干班学生参加晋宁县石寨山考古实习合影。

长，有的担任地方党政部门领导，各领风骚。

以上是我对云大历史系“调干班”的点滴回忆。我们没有辜负母校对我们的培养。万语千言，汇成一句：我们感谢母校培养之恩！

我们熟悉母校的过去和现在，她曾在风雨中抗争，在曲折中奋进，在困顿中崛起，在改革开放中壮大。回云大后，我一路目睹她旧貌换新颜，今非昔比，如今已取得骄人业绩，令人感到自豪。我衷心希望母校再创新业绩，再铸新辉煌。

“一桶油”的故事

袁　东

凡“云大人”，都知道“一桶油”的故事，它由来已久。

每年“三节”（教师节、中秋节、国庆节），学校工会总要给每一位教职工发一封慰问信和一桶食用油，作为节日的慰问品。包括在职教职工、退休教职工和临时工……只要是云南大学的工会会员都会领到一份。每当工会向大家发油之时，校工会大厅人来人往，热热闹闹，校园中老师们提着油的身影，好似一道特别的风景线，洋溢着节日的氛围，一片喜气。

“一桶油”的故事，其实自九十年代中期就已经开始，历经四届工会委员会，至今已经延续了二十多年，不管情况发生怎样的变化，这个故事从未中断过。

其实，在这二十多年中的头几年，教职工们不光是在“三节”可以领到一桶油，元旦春节期间也能领到一桶，一次又一次地感受到校工会送达的温暖！

回顾1984年11月，学校新一届工会委员会诞生了。新诞生的校工会在研究如何维护教职工权利、满足老师们新形势下日益提高的物质文化需求的过程中，想到一种新的形式——我们派人到各地联系了一些名优特产品，在1985年春节前在校园中举办了“云南大学教职工春节年货街”，大家被这一新事物吸引，表示欢迎并且给予较好的评价。我们也由此受到了

教职工在云大工会大厅领油的情景。

启发，于是在“三节”和春节期间给教职工发放节日慰问品、慰问信的“送温暖”活动即应运而生。

一开始，慰问品也曾经发过鸡蛋、面条、水果、大米等东西，但都感到不太理想，都有缺陷。于是，经过反复认真的对比研究，最终确定了透明度较高、质量有保证、居家生活离不开的、既适合各种民族也适合各种年龄群体、又便于搬运的桶装植物油。而经过几年的检验，发植物油的这个办法，最终也得到了大家的认同和接受。时间长了，一些教职工还亲切幽默地称呼校工会主席为“油主席”。他们说：如果是双职工，那一年的油都够了。有些人在节日快到之前，还会主动询问：“哪天发油？”

后来，以“一桶油”给大家送温暖的方式也纷纷被其他学校和单位采纳。

“一桶油”坚持至今已二十多年，虽然价格已经不可同日而语，校工会却始终没有动摇在节日通过“一桶油”给广大教职工送温暖的传统做法。2016年，新一届工会委员会更是把这“一桶油”变成两桶，还加上一袋好米……同时，为方便教职工，发油的地点也由一个增加到好几个。看来，这个好传统不只是得到继承，还发扬光大了。

云南大学工会这种关心教职工、坚持发油送温暖的做法，成为校园佳话，大家表示：云南大学工会不愧是“全国模范职工之家”，她始终坚持为教职工送温暖，坚持全方位开展工作，让云大人经常感受到这个大家庭的存在，感受到家的温暖。

不仅如此，凡是知道这个故事的其他学校和单位的人们也十分羡慕，纷纷给予肯定和赞扬。

虽然这只是小小的“一桶油”，但却体现了“教职工之家”一个大大的心意，也是《中国工会章程》“办好职工集体福利事业，改善职工生活”职责要求使然。

这就是“一桶油”的故事，希望这个故事能不断地续写、不断地补充新的内容，使家的感觉常驻，经久不衰！

青春记事

肖　才

因家贫，读完小学再无升学条件，我只能面对青山、土地和一小片蓝天，干的是耕田、种地、收割、砍柴的活。我生活的世界不到20平方公里，眼界太小了，脑子里空空荡荡，没什么理想，那时心里很想知道外面的世界到底有多大。

十六岁时，我跟一位长者来到昆明。初到昆明，惊奇地看到宽阔的马路、奔跑的汽车、闪亮的电灯、碧绿的大海（滇池）、热闹的街道……感到昆明的天地真是大呀！对我而言，昆明和家乡完全是两个不同的世界，我兴奋极了。在乡亲们的帮助下，我在云大落脚当了工人。慢慢地脑子里增加了不少新东西，眼界也开阔了，心里有说不出的愉快。

在工作期间，虽然工人的地位低下，生活艰苦，但青年人总是有一颗要求上进和盼望光明前途的心，易接受新事物、新思想，在和一些进步职员、学生相处中，他们热情和气、平等待人。在他们的影响和帮助下，我到工警夜校学习文化，学会《山那边有好地方》《金凤子开红花》等革命歌曲，参加党的外围组织“工盟”，担任工警会干事会干事，做了一些革命工作。

卢汉起义，昆明解放。解放大军进城，云南军管会成立，社会秩序也很快恢复正常。跨入新社会，穷人翻了身，工人、农民的政治地位得到很大的提高。人们思想开放、情绪激昂、工作努力，到处是一片欢腾的景象。但对于共产党来说，对新中国实行人民民主专政的性质，懵懵懂懂，存在着许多认识问题。为提高对党和新中国性质的认识，在机关、学校、工厂开展了轰轰烈烈的政治学习。我们学校也开展了政治学习，主要学习毛主席的《新民主主义论》《论人民民主专政》等著作，师生职工积极参加，认真踏实地对待学习，积极性很高，涌现出不少学习积极分子和学习模范。

1950年，“五四”青年节时，新民主主义青年团云南大学总支委员会宣告成立。“民青”“工盟”成员中25岁以下的同志转为青年团团员，26岁以上的同志转为团友（即超龄团员），我转入青年团后不久，被安排去云南团校参加第四期学习。云大去了十三位同志，其中学生团员九人，工人团员四人，成为一个学习小组。我们在团校主要学习党、青年团的基本

云南团校第四期一分支一小组同志合影。其中：大学生团员九人，工人团员四人。工人团员：施俊（二排左一）、周应光（三排左一）、肖才（三排左三）、赵恒丰（三排右一）。

云大青年团第八分支成员欢送俞登先留影。第一排是几位大学生和夜校老师。第二排左二起：甫绍荣、施俊、张凤鸣、施崇贤、项万元。第三排左一起：蒋德、肖才、谢有才、吕数国、顾新珍、赵恒丰、陈志新。

知识及如何做团组织的发展工作。这几位同志回校后成为团组织的骨干。我曾担任团支部书记，为组织青年工人学习、发展青年团员、壮大团组织而努力工作。

1951年5月，我被选为第一届中国教育工会云南大学委员会委员，参加生活组的工作。当我因病住云大医院（在巡津街）时，工会副主席潘清华教授亲自到医院看望，使我深受感动。

1952年，全国开展思想改造运动。1952年11月至1953年3月，云大为进行思想改造运动，成立思想改造学习委员会，并按教师、职员、工人组成几个大组。工人是一个大组，调干生闫大中任大组长，我任副大组长。思想改造是向党交心，批判封建主义和资本主义的旧思想，树立拥护共产

1951年7月，云大工会业余学校政治学习第五小组荣获“学习模范”称号纪念留影。第一排左一起：谢有才、项万元、李兴荣、肖才、晋永康。第二排左一起：王兴文、李森、吕数国、王荣光、管绍根、季永兴。

党、对党忠诚老实的新思想。工人的思想改造没有知识分子那么复杂、艰难。在党的培养教育下，经过多年的学习和工作的锻炼、考验，我申请加入中国共产党，介绍人是闫大中、吴铸，于1953年“五一”节前夕宣誓，成为一名光荣的预备党员，心情非常激动，也非常兴奋。我为从一个山区小学生成长为一名光荣的共产党员感到十分自豪。我暗下决心，入党后要更加努力学习，不断提高政治思想觉悟，积极工作，完成党交给的任务。

忆志愿军广场

肖 才

1950年6月，朝鲜半岛爆发了战争，美帝国主义入侵朝鲜，占领了首都平壤，战火已烧到新中国门口，严重地威胁着新中国的安全，形势万分紧急。新中国建立才一年，面对困难重重的情况，党中央以最坚强的毅力、最大的决心决定组建中国人民志愿军入朝作战，从而揭开了抗美援朝、保家卫国的序幕。

在毛主席和党中央的英明领导下，全国人民高举抗美援朝、保家卫国的大旗，团结一致、积极工作、努力生产，支援前线。志愿军不怕流血牺牲，在前线英勇奋战。经三年苦战，终于把侵朝美军赶过“三八”线。灭了侵略者的嚣张气焰，志愿军被祖国人民称为“最可爱的人”。为纪念“最可爱的人”——中国人民志愿军，学校于1953年在民主广场（现钟楼前公园）建造了志愿军塑像。雄伟的志愿军塑像耸立在广场中央。当时，大家都把广场称为志愿军广场。

志愿军塑像的建造，是要让人们牢记抗美援朝、保家卫国伟大胜利的重大意义；牢记“最可爱的人”——中国人民志愿军不怕牺牲、英勇奋战的伟大功勋，激发全国人民建设新中国的力量。

随着学校事业的发展，新校园进一步规划，志愿军塑像被拆除。

1954年映秋院旁的志愿军广场。其中：蹲者为文恒成，站立者右起依次为肖才、靳良科、舒洁、蒋德。塑像后是未拆除的昆明城部分古城墙。

云大宜良劳动实习队

王忠泽

1964年10月到1965年10月，我们响应国家“知识分子与工农相结合，到劳动群众中去锻炼成长”的号召，由省教育厅组织领导文教、卫生、艺术、新闻广播等部门150多人，分到宜良上墩子村、下墩子村和马房村，与农民同吃同住同劳动。劳动成果归生产队。每月交农家15元伙食费，开始交42市斤粮票，后增到45市斤。墩子村气候温暖湿润，产稻米、蚕豆、玉米、甘蔗、花生等，水稻亩产500～700市斤。当年中学同学杨生元在北京农业大学学习，寄来稻种，特别试种1平方米，亩产折合1000～1100市斤。与我老家鹤庆田屯村比，田屯冷，亩产低，施许多农家肥的稻田，还远不如宜良不施肥的“白水田”。宜良蚕豆秆拇指粗，人站在里边看不见，田屯村的蚕豆筷子粗，不到半腰高。田屯不产红薯、甘蔗、花生，农民比墩子村苦多了！宜良是云南粮仓，省机耕试点曾选墩子村，我特意走访了墩子村村民，除了个别人家，吃饱饭普遍没问题，在粮食困难年代，吃粮不愁的村庄实在难得！

1965年6月，教育厅领导和云大苏克老师，到宜良看望全体队员，宣讲形势，作援越抗美政治动员。自那以后，休息天到南盘江洗衣、洗澡休闲，增加了类似民兵渡江训练的内容。1965年10月底，实习队全体成员集中在宜良城作总结，后游览石林。第一次到石林，印象中那是一片无人管的荒山乱石野坝，周围没树木，绕着外围走一圈不到一小时，石林内部树

1965年6月在宜良县南羊区下墩子村一个打谷场，大学毕业生劳动实习队合影。前排从左至右：乔传藻、寸文藻、闻一聪、万世栋、徐成方、何作诗。后排从左至右：郭慧光、张少仁、王忠泽、张炳祥、苏克、薛恩泽、何文才、孙文爽、刘文贵。队员戴文光、钟代华、缪文瑞因回校办事缺照。

木稀少矮小。平坦处有两三间红砖红瓦平房，据说是为接待王光美同志修建的，事后就荒废了。

光阴荏苒，照片中乔传藻、万世栋、孙文爽、何作诗、徐成方、何文才、张少仁、寸文藻、王忠泽、戴文光和钟代华等一直在云大。张炳祥退休前曾任巍山县政协副主席，郭慧光曾在省环科所任所长，缪文瑞调省电大任校领导，薛恩泽在云南日报当记者。刘文贵、闻一聪（云大毕业分教育厅）、苏克已先后去世，其中刘文贵于1970年在弥勒因扑山火英年遇难。

2010年7月我回下墩子村走了一趟，有六点感受：一是民居还是老式的多，显拥挤零乱，熟悉的门庭有几家还可辨认；二是人们照样悠闲，妇女们纳鞋底、老人闲坐、小青年在地上打扑克；三是有“少小离家老大回”“儿童相见不相识”之感，当年家喻户晓的大学生实习队已淡出人们的记忆，许多人都只知道知青下乡；四是村东南盘江边的旱地，如今全变成稻田；五是下墩子村到南羊街的老路不见了，新建了笔直的沙土公路；六是当年冷清的南羊街，现已经车水马龙，成为热闹繁华的现代乡镇了。

杨桂宫副校长和我们一起去龙潭农场劳动

李金惠

一九七四年七月，正是收洋芋的旺季。龙潭农场数十亩洋芋地，等待人们去收获。杨桂宫副校长和机关的部分同志去龙潭农场劳动，主要任务是刨洋芋。男同志多数使用锄头，挖下去，翻起来，鸡蛋大、白生生的洋芋遍地都是，女同胞们提着箩筐在后面拾。大家干得很起劲，累了就坐在田埂上休息一会儿。不知是谁给我们拍下了这张有意义的劳动照片，一群“赤脚大仙”们，有的小憩时也不想把手中的锄头放下。个个面带微笑，谈着劳动的乐趣。

团结乡的龙潭农场是云大最大的农场。那里有大片的红土梯地，有很多未开垦的荒山荒地，是开荒种地、放养牛羊的好地方。大学一年级时，我们班的同学背着背包步行数十里到农场去开荒，至今记忆犹深。工作后又几次到农场劳动，先后放过牛羊，养过猪，干过农活。

到了秋收季节，这里收获的金黄的苞谷、南瓜，还有洋芋、杂粮等，都用大卡车运回学校。员工、学生食堂里堆放着不少南瓜、洋芋。菜肴也多半是炒洋芋、煮南瓜，三分钱一个菜，够便宜了。劳动的果实，吃起来分外香甜。

那时云南大学的农场是办得比较好的，除龙潭农场外，学校附近也有不少农场，例如，外农场——种水稻、蔬菜（在东二院片区）；内农场——苹果园、小曲藻池、苞谷地等（在北院综合楼附近）；养猪场（在

1974年，机关部分同志去龙潭农场劳动场景。从左到右是：李金惠、李发宾、代绍鸿、杨桂宫、解绍先、欧应钦、金宗佑、工宣队的吴师傅。

东一院进大门的那片坡地上）；民族学院大门正对面的道路两旁是我们班的菜地，同学们用休息时间轮流浇水、施肥，大白菜的长势很好。

校办农场，为师生们生产实习、劳动锻炼开辟了场地。同时在国家经济困难时，劳动创收，在一定程度上也缓解了学校食品短缺的问题。

培养入党积极分子

吴多胜

加强党的组织建设，认真抓好党员发展工作，这是云大党委一贯的思想和态度。1987年，学校党委根据越来越多的师生员工积极申请入党的愿望和要求，经研究决定成立党委业余党校，加强培养教育工作。党校设有教务委员会，负责组织教学、管理日常事务等工作，由校党委副书记周庚鑫同志分管，教务委员会成员由周庚鑫、李家华、张海翔、付文明、王灿平、古明清、曾凤英、吴多胜八人组成。

1987年下学期，开始举办第一期学员培训班并组织学习，到1988年1月8日学习结束。参加结业合影的有：云南省委副书记高治国（原云大党委书记、校长），校党委书记王广宪，副书记刘西芳、周庚鑫，校纪委书记黄琴竹，副校长姜汉桥、顾耀宗、王新及省委派来的两位嘉宾、各系党政领导、教务委员会成员，还有李埏等几位老教授以及培训班学员。

1988年6月25日，第二期党校学员培训班学习结束，参加结业合影的有：校长杨光俊，党委书记王广宪，副书记刘西芳、周庚鑫，副校长李兆同，各系党政领导、教务委员会成员、九位老教授以及培训班学员。

第三期学员培训班于1989年4月28日结束学习，参加结业合影的有：省教育厅长张继康，原云大党委书记吴家仁，校党委书记王广宪，副书记周庚鑫，副校长刘佩文，各系党政领导、教务委员会成员、一些老教授以及培训班学员。

1988年1月，云南大学党委业余党校第一期学员合影。

1988年6月，云南大学党委业余党校第二期学员留影。

几年来，通过培训，有相当数量符合条件的同志经过支部审查，陆续加入了中国共产党，成为一名光荣的共产党员。李埏老教授，年已七十，也光荣地加入了中国共产党，成为党的一员。

1992年3月，经学校党委研究决定，党委业余党校，正式改名为中共云南大学党委党校。后来，党校每年都举办多期学员培训班，培养教育入党积极分子。

1989年4月，云南大学党委业余党校第三期结业典礼纪念。

从服从分配到自主择业

吴多胜

从1981年到1990年的10年间，我参加过十届大学毕业生的分配工作（未包括数学系研究生和系统工程专业的毕业分配工作）。

1981年至1983年，我是物理系党总支副书记，参加过77级、78级、79级三届大学毕业生共318人的分配工作。

1984年初，因工作需要，我被调到数学系担任党总支书记。从1984年到1986年7月，参加了80级、81级、82级三届毕业生共209人的毕业分配工作。

上述六届大学生的毕业分配，是根据省教育厅的指令性分配计划和学校的安排意见，各系分配小组结合毕业生四年来德、智、体全面发展的情况决定学生的分配去向。

由于我国经济的快速发展，考虑到用人单位的工作需要，学生及家长的思想愿望，国家对分配政策逐步进行改革。受学校学生处彭佑娴处长的指派，我和学生处老师周奕同志专程去上海交通大学学习取经，决定在1986年对我系83级毕业生进行试点。我们采用了“供需见面，双向选择”的办法，让学生自主择业，这样就更好地发挥了学生的自主性、自觉性、积极性。同时，也更好地解决了分配工作中的一些难题和矛盾。

从1986年到1990年，我系的83级、84级、85级、86级四届毕业生毕业分配都按此政策和办法，我也参加了学生自主择业工作。后因我离职休养，从1991年以后直到现在学校一直有人专门负责这项工作。

云南大学物理系1983届毕业生合影。

1984年6月，云南大学数学系1984届毕业生合影。

云南大学数学系1990届毕业生和校长杨光俊、系党政领导及老师合影。

从挖枧槽河到去茨坝农场劳动

颜洪恩

1958年春天，寒地冻，市郊枧槽河下游六甲乡土坝村挖枧槽河工地上鼻孔口腔雾气噗噗、鼻涕眼泪直流的云大人，脸颊上淤泥斑斑点点，我笑他大花脸，他笑我满脸天花。中华人民共和国成立后满腔热情回国报效的中年教师，刚从京沪高校毕业来边疆奉献的青年，在六甲农民大哥指导下

1958年，云大人挖枧槽河的情景。

参加劳动，双手十指冻僵不能弯曲，脚后跟开裂冻得脱不下解放鞋。一位留学回国的老师直爽地说，“交心”过去了，又赶上枧槽河的“洗礼”。一位青年接上话茬儿：通过劳动改造思想，劳动还可创造物质财富呢。挖神仙土的经验是挖枧槽河的云大人通过劳动摸索出来的：一块大而厚实的土方，先挖空一侧的底脚土，另一侧支点支撑不住失去平衡时，用锄头一敲就整块坍塌，几个人一起出力就把坍塌下来的整块泥土搬上河堤，撮箕两角拴上绳子，堤坝上的人用力拉绳，一满撮箕一满撮箕的淤泥，沿着两根构成斜坡的椽子，徐徐送上河堤。外体政的先进经验，经陈大炮用话筒一播出，整个枧槽河的云大工地沸腾了。

入夜冻得睡不着的人，一个跟着一个去帐篷外，从稻草堆上拽几把稻草来，几个人裹着被子挤成一堆，钻进草丛，尿急了等不得排队，见空就撒尿。北京来的一个青年，立在帐篷外拉着小提琴过寒夜。吃饭时，个个把饭碗换成洗脸盆，只闻扒饭声却不见吃饭人的脸。当挖枧槽河的任务完成正整装待发返校时，组织说挖枧槽河的人都要转移茨坝学校农场搞基建。云大人身背行李，扛起锄头，鱼贯而行，把留有汗水的枧槽河远远地抛在身后。六甲再见！挖河使土坝人和云大人成为朋友，亲如手足。

挖枧槽河的劳累，加上长途跋涉，到了茨坝农场放下行李的云大人，一屁股坐在行李卷上就站不起来。“还冷吗？”“不冷了！”我一边解领扣一边回答身旁的人。大家坐在夕阳余晖下，等待安排。

“各位领导，各位老师，辛苦了！”场领导介绍茨坝农场，布置任务提要求：“近一年来，学校在茨坝建茨坝农场，就是要为分出去的农林两系建教学生产基地。第一步征地150亩，来年小春收割后再征500亩地，建盖一批房舍，根据节令，边基建边生产，时不待人，既然来了，就要干出成绩来。”

次日，东方发白，起床哨声、吃早点哨声接二连三。“苞谷坨难于咽下去”，我心直口快地说，身旁的人发表意见：“吃苞谷坨顶事，耐得住干活！”割茅草，搬砖头，拌沙灰，扛椽子……工地一片忙碌。手划破了包扎一下又挥镰干起来，单个人搬砖头又慢又累人，改成流水线传递，提高了工效；扛一根椽子的两个人，争着从对方肩上拿过椽子，互不相让。过了十多天，满山冈的茅草不见了，瘦瘠的150亩地露出了笑脸。“茅草不能乱丢，要留着用来铺盖房顶呢！”“你放心，干学校自己的活，能马虎吗？”又一个十天后，一幢幢房舍拔地而起，微笑着频频点头。拉电线装水管是技术工人的事，甘当小工的云大人，望着通电的电灯泡，捧着清澈的自来水，乐哈哈笑开怀。“欢迎明年再来，到那时候，可以吃上自种的苞谷，喝上自酿的苞谷酒！”农场领导满怀信心地说。

（本文原载《云南大学报》总第112期，刘兴育教授提供照片）

党委书记和我们在一起

古明清

我于1960年至1961年任云南大学数学系专职政治辅导员，并兼任1961级同班同学的班主任，且还是党总支青年委员，系团总支副书记，常向党支书记黄琴竹同志汇报工作。有一次，同班同学王万达为引起同学注意，

1961年，校党委书记高志国（前排左三）和黄琴竹（前排左二）、古明清（前排右二）等同志合影。

趁大家进行政治学习时，从云大四合院二楼跳下来，其脚扭伤，幸无大碍。为安慰他，我背他到黄竹琴家中，做其思想工作。当时党委书记高治国（黄琴竹为他的夫人）也在家，因此，他也耐心地做王万达的思想工作。因我和高书记有所接触，在1961年毕业前夕，趁他到数学系深入调研之机，我和部分同学邀请他到当时的西南亚研究所门口照相，留下这张珍贵的照片。

云南大学会泽院顶层围栏引起的回忆

赵瑞芳

这张照片，是我和金坚（右）在1972年11月参加云南大学的人防劳动（挖防空洞）后，在会泽院三楼的合影。紧靠我们的是会泽院顶层露天阳台的围栏，围栏看得出修补过的痕迹。看到它，就让人想起老云大的一段历史。

那是1948年的夏季，昆明大、中学校的学生响应中共中央纪念“五一”提出的“反对美帝国主义扶植日本侵略势力”（简称“反美扶日”）的号召，积极投入爱国民主运动。

1948年7月15日，国民党反动当局调集千余名军警向昆明“学联”所在地——云南大学发动进攻，学生们聚集到会泽院。经“学联”负责人商议，认为会泽院一楼门窗多，不易防守，决定撤出一楼，退守二楼，年纪小的同学上三楼，向全市人民呼救。

退守二楼的同学用预先准备好的石块、砖头抵御军警的一次次冲击，坚持了一个多小时后，石块、砖头已经用完，只好退至三楼。军警很快从窗口翻越而入，占据了二楼。退至三楼的同学约四百人，首先是将教室里的桌椅板凳用来堵住楼口，继而觉得应该砸断楼梯，才能守住三楼。但用什么才能把楼梯砸断呢？大家都在想办法，突然有同学在储藏室里发现一根约五十公尺长的橡套电缆，用它可以拴上一块大石头，用打夯的办法，即可砸断楼梯。但大石头又从何来呢？唯一可以选择的，就是砌筑在围栏上的条石。然而，条石是用水泥砂浆接缝，下面用红色陶土瓦筒支撑，筒

1972年11月，我和金坚（右）在会泽院三楼露台留影。

内又用钢筋混凝土浇灌后固定起来。所以，要取出一根石条谈何容易！

面对敌人的凶猛进攻，又目睹被抓同学的惨遭毒打，仇恨之火化为巨大力量！同学们用一根木棒砸烂瓦筒，敲碎混凝土，拉弯钢筋，使一根石条失去支撑而悬空，再用电缆拴紧石条，在“一、二、三”的口号声中，数十位同学倾全身之力，终于取出了一块约五十公斤重的石条。就用它来砸击楼梯，同学们轮流着像打夯一样，将数十级钢筋混凝土的楼梯砸碎，断绝了敌人上三楼的通道。

敌人上不了三楼，便用水龙往上冲，学生们急忙用脸盆接水，敌人又施放催泪弹，并趁机搭起云梯往上攀爬，爬到窗口便被学生推了下去。

在三楼，存放着几袋大米，那是昆女师的同学在云大集中时带来的，三楼上还有几只汽油桶，桶内有一些石灰水，女同学们便用蚊帐将水过滤，用几块砖头支起脸盆，用破桌凳生火，煮了几盆半生不熟的米饭，捏成饭团，但人多饭少，给谁吃呢？男同学让女同学，女同学让小同学，谁也不肯吃。“学联”负责人提出：首先分给守卫三楼口的同学，然后是小同学、女同学。可是，得到饭团的同学又把饭团掰开，让没有分到的同学分享一口，充分体现了团结友爱的战斗情谊！然而，随着时间的推移，部份体弱的同学生病了。

7月16日傍晚，云南省政府主席卢汉身披黑色防弹斗篷，在随从人员的护卫下，来到会泽院西侧视察，“学联”负责人商议后，决定和卢汉谈判，杨知勇同志用土话筒向卢汉提了三个条件：一、撤退军警；二、不逮捕学生；三、不殴打学生。卢汉的回答是：保证不殴打学生，但要逮捕几个为首的分子。

“学联”负责人认为：这样下楼可以使绝大多数同学免遭毒打，但极少数同学会被捕坐牢，只要保住了绝大多数，对革命还是有利的。但有的同学不同意，一位女同学说：“要坐牢就大家坐。”但“学联”负责人还是说服了她。当晚全部都下到了一楼。下楼后，学生被分成三种情况：第一种是学运骨干，逮捕入狱；第二种是学运积极分子，送夏令营集训；第三种是盲目参加学运的年幼纯良者，由家长或同乡领回家。我被列为第三种，是母亲把我领回了家。

“七一五”运动已经过去70年（1948—2018）了，尽管有人对这场运动有过一些不同看法，但在粉碎“四人帮”，拨乱反正之后，这场运动的意义得到了充分肯定。1979年初，安平生同志代表中共云南省委郑重宣布：“‘七一五’爱国学生运动，保护了党的组织，保存了党的骨干，扩大了反美蒋统一战线，促进了全省革命运动的发展。”中央批转的中共云南省委1982年31号文件也明确肯定：“1948年开展的‘反美扶日’运动，在‘七一五’事件中，地下党组织的领导是坚决的，群众斗争是英勇的。”这就是历史的结论，也是符合客观实际的公正评价。

云大演出大型歌剧《白毛女》

李作新

1949年12月9日，卢汉将军率部起义，云南和平解放。为迎接解放军进驻昆明，云大师生在临时校务（管理）委员会的支持、组织和领导下，走上街头宣传党的方针政策，去工厂帮助组织生产秩序，到农村参加生产劳动，宣传时事和扫盲。许多学生组织歌咏队、话剧社、宣传队等，活跃

大型歌剧《白毛女》大部分演员和前后台工作人员于舞台上合影。

在城镇和乡村。

理学院的师生更是胸有成竹、匠心别具，除了组办数、理、化升学考试义务补习班（含初中升高中和高中升大学的考前补习班）以外，早在云南解放前数月，云大物理系51届毕业生、云大临时校务（管理）委员会委员、云南省学生联合会副主席林毓桃奉地下党指示，发起并一手组建在老解放区颇有影响的大型歌剧《白毛女》的筹备演出剧组。经精心排练后于1950年2月初在昆明市绥靖路（今人民中路）昆明女子中学（今昆明二十八中学）礼堂向社会公演。从2月初到3月中旬（含春节）的30多天，每天晚上以近4个小时的时间演出5幕17场歌剧《白毛女》，天天都座无虚席，场场爆满。票房时时告急，每天的票于三天前便全部售完。云大师生的演出在社会上引起轰动。同年3月中下旬，剧组应邀赴昆明海口片区为工厂工人继续演出，还借昆明长城电影院为参加云南省首届农民代表会议的代表们增演。

《白毛女》剧组聘请了知名戏剧家、深受学生欢迎的云大中文系范启新老师为执行导演。演员基本上是云大理学院高年级学生：喜儿由生物系四年级陈道新（还有谢雪梅、朱英柏）三人轮饰，大春由生物系三年级李天庆饰，杨白劳由物理系四年级李炽饰，赵大叔由化学系三年级徐志刚饰，王大婶由物理系三年级雷竹仙饰，黄世仁由物理系四年级朱定铭饰，穆仁智由物理系四年级李德修饰，黄母由化学系三年级方璇秀饰，农民青年由化学系四年级王文亮饰，小贩由物理系三年级陈尔纲饰。前台灯光、台词及后台音响效果和道具等则由化学系青年教师吴佑礼及数理化三系的部分高年级学生和自超、李文云、刘思诚、赵声汉、邵耶祥、高惠英、刘庆娴、戴维华、张耕溪等操办，歌词的幻灯片由物理系四年级李作新、李荐华制作并进行现场放映。老一辈物理学家、知名业余摄影师胡维菁教授和艺术家林茹（照片中二排左七）、昆明骆驼剧社总导演亦直接参与舞台设计和化妆等，法国著名小说《悲惨世界》的翻译者、云大外语系知名教授李丹（照片中二排右五）参加了全剧歌曲的小提琴伴奏，参加小提琴伴奏的还有李家骅、沈滋敏等同学。后来成为长影制片厂著名电影演员的杨佩松、李家祥（照片中二排左一）等当时是该剧的候补角儿。

1950年2月20日，陈赓、宋任穷率中国人民解放军第二野战军四兵团进驻昆明。2月25日、26日晚，兵团首长和边纵负责人观看了《白毛女》的演出。期间，昆明的主要媒体《正义日报》对演出盛况作了专题报道。周保中校长对云大师生公演《白毛女》称赞有加，他感谢大家为宣传党的方针政策办了一件大好事。

外事交流

王学仁

1993年，王学仁校长与美国惠特曼学院签订两校合作交流协议时的合影。从左至右：严思慎、王学仁校长、美国惠特曼学院校长、甘雪春。

民兵训练

古明清

1965年云大师生在云南军区参加“军训”时留影。后排左三是古明清。

义务劳动

丁宝珠

这九张黑白照片摄于1953年、1954年和1956年。它们反映的是当年云大在校同学（包括各学院和准备调整出去独立建校的工、医、农林学院同学）积极响应国家《关于改革学制》的决定，在寒暑假期间为即将调整出去独立建校的工学院、医学院、农林学院新建校舍，在建筑工地挖土方、平地基，为新建成的云大教授住宅区清碴土的劳动场景。那时，昆明地区机械化水平低，农村又刚刚进行或完成土改，没有大量劳动力进城务工，这样学校建筑工地挖土方、平地基、清碴等工程大部分就要依靠同学的义务劳动完成。当时在校生由于吃、住、医疗包干，所以，一般寒暑假都不回家，只要学校有义务劳动的安排，大家都积极参加。因此，院系调整时期，在建昆明工学院、昆明医学院、云南农林大学校舍时（今天各校校本部），在工地前腾地、挖土方、平地基，建成后平地、清碴等简单劳动，大部分就由当时在校同学义务劳动完成。

这些照片再现了当年云大学子为他们的教师居住条件的改善，为云南工、医、农林专门学院独立建成后扩招各类专门人才的远景而激情澎湃、热火朝天劳动的场景。

1953年寒假为昆明工学院（现昆明理工大学）建筑工地挖土方、平地基。照片所摄为历史系同学的工地。下图中的挑土女同学为1956届学生杨秀珍。

以上两张照片是胡维菁教授摄。胡老师是我中学老师，20世纪50年代到云大任教。

1954年暑假为昆明医学院（现昆明医学院）附一院挖土方。照片所摄为历史系同学挑土队列。

1954年寒假为新建云大教授住宅区清碴（教授住宅区已于1993年至2006年先后拆除，现在是云大北院教职员宿舍和云大附中大楼）。照片所摄为历史系同学的工地。

历史系同学在云大教授住宅区工地上清碴。图中右一女同学为1955届民族史组杨金仙，右二女同学为同届历史组丁宝珠。

1956年寒假为新建云南农林学院（现农大校本部）建筑工地挖土方、平地基。三张照片所摄为历史系同学在工地。

以上七张照片是历史系张家麟教授摄，张老师是我哥的同学，与我同在一系，是师生关系。1956年后为同事，他拍照后把照片送给我。

“四清运动”工作队

周一康　陈立新

1964年，中国大地开展了“社会主义教育运动”，简称“四清运动”，先从农村开展，后在城市工厂试点。云大化学系1961级师生是云大唯一抽出参加昆明市工厂试点的工作队员。1965年7月，我们先集中到海口云南光学仪器厂学习了一个月，8月份分三队赴昆阳磷肥厂（分析专门化）、云丰造纸厂（无机专门化）、海口水泥厂（有机专门化）参加运动。我们被分到各个车间，白天与工人同劳动，发动群众；晚上开会，揭发车间、厂级干部的“四不清”问题。记得集中学习时，争论最大的问题是“什么是走资本主义道路的当权派”，也没个准确答案，带着一脑袋的“浆糊”就稀里糊涂地去当工作队员，发动群众搞运动。不过，我们大学生干体力活，进行劳动锻炼，个个都是好样的。备料车间几十公斤的大草捆把人遮得看不见，也照扛不误。蒸球车间草料加碱，在铁蒸球中，在高温、高压下蒸煮，出料时的气味难闻极了，冒着高温汗流浃背，照样与工人一同扒料。期间正逢厂里盖新厂房，必须苦干三天三夜，连续浇筑混凝土，男同学有的二人一组挑百把公斤重的大石块走跳板垒石基，有的手拿搅棍不停地搅拌混凝土，跟工人一同苦干，完成任务，受到工作队的表扬。至1965年1月，历时半年多，我们才结束了这段难忘的“四清运动”工作队员生活，回到美丽的校园。

这张照片摄于1965年10月，是云大党委副书记袁光同志到海口云丰造纸厂看望参加“四清运动”的云大化学系1961级无机化学专门化师生留下的。第二排左四为袁光，同排左六为陪同者、党委工作人员余庆莹，前排右一为党委宣传部马荣柱老师，其余为参加运动的师生。

“四清”工作队剪影

赵逸云

1965年，黄渊泽参加“四清”工作队，在海口云丰造纸厂劳动。

1965年，杜家声参加“四清”工作队，在海口云丰造纸厂劳动。

云南大学乒乓球队参加首届大学生运动会

北　辰

1982年8月，中国第一届全国大学生运动会在北京举行，此前举行了选拔赛。云南大学男女乒乓球队在选拔赛中获得冠军，以云南大学男女队主力组成云南省大学生男女乒乓球队前往西安赛区举行选拔赛。杨国智和周柏之任教练，徐嘉文任随团记者。西安赛区由西南（云南、贵州、四

潘圣洁（右，队长，云大历史系博士生）和蒋平（左）在女子双打比赛中留影。

川、西藏）和西北（陕西、青海、甘肃、宁夏）八支男女队参赛，赛区一、二名进北京参加总决赛。云南男女队双双夺得冠军，进军北京。在与四川省队争夺冠军时，前四局打成二比二，决定胜负的第五局，云南队的李承波，又矮又瘦，碰上四川队的一号，对方又高又大、稍胖，双方实力有差距。李承波不愧是学数学的，脑子特别灵，计算精准，担任第三单打，体力充沛，对方人高马大，是四川队的绝对主力，有点傲。但已打过一场，体力消耗大。开打以后，就像猴子斗大象，尤其是李承波的球拍是红、黑两面，发球前习惯把球拍忽噜噜翻转不停，发球又快又准又狠，对方很难判断球路。李承波就靠步伐灵活、发球诡异和顽强的斗志，使对方无计可施。直到晚上十一点四十分，李承波在第五局中以33比31胜出。云南队出乎意料地夺冠。我以《古都鏊战》为题，在《西安晚报》和《春城晚报》上详细报道了云南大学生乒乓球队在西安夺冠的情景。

乒乓球决赛在清华大学体育馆进行。云南队获男子团体第七名、女子团体第七名、男子双打第八名、女子单打第八名，全队获得“精神文明运动队”称号，为云南省争了光。

云南大学男女乒乓球队夺得云南省大学生运动会男女乒乓球团体冠军后，党委书记吴道源（第二排中）和校长赵季（第三排右一）与大家合影。

云南大学乒乓球队赛事纪实

杨国智

1982年举行第一届全国大学生运动会，全国各省都要进行大规模选拔赛。云南大学长期担任乒乓球男、女队教练的杨国智在云南大学首先选出男队队员周德华、夏卫东、刘斌等，女队队员潘圣洁、林月凌、刘礼英等，进行严格的高水平的训练后，在1982年2月云南省大专院校乒乓球选拔赛中，云南大学获男子团体冠军，女子团体冠军，男子单打冠、亚军，女子单打冠军，四个比赛项目全部获得冠军。

全国分区赛西安赛区的比赛于1982年7月在西安体院举行，西安赛区包含西南、西北八个省区，即云南、贵州、四川、甘肃、青海、西藏、宁夏、陕西。云南省以云南大学为主组队参赛，男队、女队最终战胜了其他7个省队，获男子团体第一名、女子团体第一名、男子双打第二名、女子单打第一名。

1982年8月，中华人民共和国第一届大学生运动会在北京举行，乒乓球赛在北京清华大学体育馆举行。

云南代表团名誉团长陈立英赛后曾来看望并鼓励云大队员，给予了高度评价。此后云南省教委确定云南大学乒乓球队为高水平运动队，国家教育部曾发文确定云南大学为全国51所高水平运动队试点院校。全国有大学生乒乓球比赛项目，云南省都指定由云南大学组队参加。中华人民共和国第三届大学生运动会乒乓球赛在南京东南大学体育馆举行，云南队获男子团体第六名、男子单打第四名、男子双打第七名、女子单打第八名；1999年，全国大学生乒乓球比赛在兰州铁道学院体育馆举行，云南大学生女队获团体第五名；2000年，第六届全国大学生运动会乒乓球赛在成都工业大学体育馆举行，云南女子乒乓球队获决赛权。近二十年来，杨国智教练为云南省大学生乒乓球事业付出了无数心血，也收获了累累硕果。

乒乓球故事未完，依旧延续着。2005年，在全省高校老年乒乓球赛中，杨国智带领云大队员参赛，获老年男子团体冠军；同年，杨国智代表云南高校参加省老体协举办的全省老年乒乓球赛，获第九名；2011年11月，云南省级机关14所高校42个省委机关单位举行首届“联谊杯”老年人运动会，每单位派出两人参加乒乓球赛，云大派出杨国智、陈仲农参赛，杨国智获老年男子单打第八名；2013年5月，云南省老乒协举办全省“红云红河杯”团体比赛，云南大学男队参赛，夺得男子团体第一名，杨

赵季校长（左四）到赛场观看男子冠亚军决赛，杨国智教练（右二）现场指挥的情景。云大以5：1胜昆工。

云南大学代表队在云南省大专院校乒乓球选拔赛中获奖，省教育厅副厅长郝健（一排左三）与云南大学党委书记兼领队吴道源（一排左二），男女乒乓球队教练杨国智（一排左四）与全队队员、裁判员及工作人员合影。

云南代表团团长、云南省教育厅副厅长郝健（一排左五），昆医副院长、代表团副团长王占元（一排左七），云大杨国智教练（一排左二），昆工杨渝光（一排左三）和全体乒乓球运动员、工作人员合影。

云南女队胜北京队、四川队，夺得团体第七名，教练杨国智带领运动员潘圣洁、蒋平、毕云、郑天媛领奖杯、奖牌的情景。

云南男队胜四川队、广西队，夺得全国团体第七名，教练杨国智带领运动员周德华、夏卫东、刘云、沈洪领奖杯、奖牌的情景。此次比赛云南队还获得男子双打第八名，女子单打第八名，全国首届大学生运动会“精神文明运动队”奖旗。

国智是教练兼队员；全国普通高校体育教材《实践教程》中“乒乓球运动”“羽毛球运动”两个部分就是云南大学杨国智教授撰写的，这本书获教育部“高校体育教材一等奖”。

田径是大学体育的主干课

孙焕仙

1958年8月，全国大学生田径运动会在西安举行。云南省大学生田径

1958年，云南代表队在西安参加全国大学生田径运动会时留影。照片中有11人系云南大学的运动员，一排右二为云南代表队领队孙焕仙，三排右一为云南代表队教练陈智燊。

云大代表队在西安参加大学生运动会时留影。一排右一为领队孙焕仙，左一为教练陈智燊。

代表队经过选拔由云大、昆工、昆医和师院的31名优秀队员组成，其中云大运动员11人，约占全队的三分之一。由于云大教练理论实践并举且热心负责，就指定云大派领队和教练各一人率队出征。比赛那天由于天公不作美，交通不顺畅，影响全体队员按时到赛场参赛，使能得分的项目失去了参赛的机会，而全国大运会组委会仍然评给云南省大学生代表团“精神文明奖”。

当代田径运动中的各个比赛项目，都是由走、跑、跳、掷这些人类自然运动经过千百年后发展起来的。由于田径运动本身易于开展，大多数项目不受时间和空间条件限制，男女老幼皆可参加，只要持之以恒，并辅之适当的方法，必见成效。

当今世界几大体育强国在世界体育比赛中，皆因在田径比赛中获得优异成绩而名列前茅，因为田径是奥林匹克运动会、各大洲和国际区域性运动会以及一个国家所举办的全国运动会的主体项目。奥运会中金牌最多的项目是田径，有四十多个单项，约占所有项目金牌总数的五分之一。为此，许多国家在重视国际性各比赛项目的同时，重点抓径赛和田赛，以保持其在世界体坛的优势地位。

学校教育是人类教育的主要阶段，而体育作为学校教育的一个重要组成部分，其基础又是田径。田径运动可以增强体质，同时，田径运动，可以培养学生吃苦耐劳的精神，增强不怕困难勇往直前的意志。大中小学校每年举行一次田径运动会，被认为是学校必不可少的办学举措。云大女子田径队曾获省高校运动会800米、1500米第一名，3000米创省高校纪录。“田径教学”课程建设获云南大学第四批主干课程优秀奖。

忆昔同游圆通寺

王忠泽

1960年12月，云大生物系的一个小组（1960级新生）游圆通山，在圆通寺和圆通山之间的峭壁崖顶留影。图片由西北向东南俯视拍摄，背景依

1960年，云大学子在圆通禅寺留影。前排从左至右：唐桂娥、杨嘉棋、陈文娘（华侨）、尹湘莅、谭玉英（华侨）、王玉英（华侨）。后排从左至右：王忠泽、卢海文、张长顺、寸文藻。

次为圆通寺靠峭壁部分，树木茂密的圆通山东南部，建筑鳞次栉比的昆明东北部市区。图中可以清楚看到圆通寺内的方形池塘，地标性的古典圆形八角亭，亭前后的多孔路桥，圆通寺大雄宝殿的金顶，池塘两侧的走道，亭廊南边大殿的一角。照片中没有高楼，全是老式民居，视野开阔。

我们这一代人与共和国一起成长，在艰苦年代，布票紧缺，大家衣着简朴，男生中山装，女生青年装。有几年每人仅发2～3市尺布票，做件新衣不容易，常穿补丁衣服，不讲时尚，只管整洁暖和。学校对困难同学据情发给被褥、棉衣、卫生衣或外衣。另外又据情发给三分之一、二分之一或全额伙食费，甚至还给点洗理等生活零用钱。粮食和蔬菜短缺，饭厅里四根木桩钉上块板就做饭桌，没板凳。搪瓷脸盆蒸饭，反倒饭饼在桌上，用竹弓细铁丝划八份，每人一份，每人每月33市斤粮食。每桌两个小搪瓷盆装菜，一汤一菜，汤菜也分八份。每周吃一次肉。据说当时昆工半月一次，一月供应两次，一次一整块，同学都说云大细水长流，昆工痛快过瘾！

照片中的人进校时年轻质朴，随着岁月流逝，少数已经去世了，活着的也都老了！历经风雨沧桑，大致情况为：唐桂娥在食用菌科研所工作，曾当选省人大代表和常委；杨嘉棋在白药厂；陈文娘在印尼；谭玉英在香港；尹湘菘在云南省地矿局；卢海文回家乡腾冲县林业局；寸文藻、王忠泽在云大；王玉英在省林科所，英年病逝；张长顺在教育学院，70岁病逝。平凡人也有传奇故事，寸文藻上大学时娶了个家乡的白族村姑，后迁昆明农村，不识字不会汉话，养育了3个小孩，生活艰难。改革开放后，生活逐步改善，孩子长大，但老两口仍住在50多平方米的福利房。前几年遇拆迁，全家出资8万元，拆了农村老屋，盖了4层近400平方米的砖房。不久砖房拆迁，得三套100平方米的回迁房，并补偿了7万多元拆迁费。大家和寸老师开玩笑："你大学教师，一辈子只有不足100平方米的住房，目不识丁、汉话讲不清的老农妇，一夜之间却成了三套100平方米的房老板！"

照片左上角树木较多的部分为圆通山边缘，青山依旧！50多年前的老树如今更加挺拔苍劲。圆通山和圆通寺之间的悬崖顶有袁嘉榖所书的“万家在抱”，景观独特。照片中圆通山的一处悬崖，2013年12月4日对照寻找，发现就在今聂耳亭边上，草木茂盛，圆通寺庄严轮廓依旧，目力所及看不到昔日的老房子，不远处的高楼林立犹如“屏风”遮住了视线。

看不远了，看不到早已远去的村庄、炊烟、树木和远山了。

藏于心底的故事

何湘藩

这张照片的背景，任何一个云大人一看就知道，它是会泽院，它是1923年建校时的主体建筑，是云大正门（南门）的主楼，是95级台阶的终点（或起点），是保留时间最长，建筑风格最特别、最坚固、最扎实的法式建筑。它见证了云大的发展历史，它经历了云大的昨天和今天。

它曾经是轰炸目标。抗战期间，日本飞机轰炸昆明，两次中弹，但仍屹立如常。

它曾经是教室。千万名莘莘学子，在这里上课学习、获取知识，成长为国家栋梁之材。

它曾经是办公重地。校长、书记在这里运筹决策，管理和指导教学。

它曾经是“司令部”。“文化大革命”期间的云南炮兵团在这里发号施令，还把它改名为红卫楼。

它还是“影视”基地。这里曾拍摄过很多可歌可泣的故事。

云大人很珍惜它，我们的老校长李广田率先垂范。1958年“大炼钢铁”，有人把会泽院门旁古迹——炮台上的大炮拿去炼钢了，还准备把会泽院的大铁门也拿去炼钢。校长知道以后，坚决不准，才得以完好保留至今。但这也成为他被划成右倾机会主义分子的罪状之一。

20世纪50年代的云大，教学、科研、师生员工的吃住玩，都在现在这个东陆园的圈子里，会泽院就自然成为了中心。1956年，各系新生接待室

照片摄于1967年，时值全国大串联时期，伟大领袖毛主席正在向接受检阅的革命群众招手，两边的立柱上是斗大的字体："教育为无产阶级政治服务，教育与生产劳动相结合。"栏杆上还隐约可见一些标语和大字报。这是一张亲人聚会的合影，左一是爱人陈明琴教授，拿气球者是女儿，其余是来昆串联的亲人。照片拍摄者是本文作者何湘藩。

就设在会泽院。作为怀揣梦想初入云大的我们，在这里受到了学长学姐们热情周到的接待，时间长达一周之久。

一楼最西边靠北的那间，当时名叫第10教室，是数学系1956级学生上主课和聚会的地方，在这里我们聆听过与杨振宁教授一起赴美留学，后归国的著名教授张夔等的教诲；也在这里开会批斗过右派分子。我们班没有党员，有一个同学对班委会有意见，后来就说他反对班委会，“反对班委会，就是反党”。这一条就成为他被划成右派的很重要的依据。刚进校的我们，乳臭未干，又是学数学的，批斗不来。有人想了一个办法，请来学历史的高年级的同学一起参与批斗，这样才完成了任务。

照片中的“95级台阶”下面，是云大的正门，是贵宾、政要人物出入的必经之道。1956年，时任国务院副总理，分管外交的贺龙元帅，从缅甸访问归来，途经昆明，专程来看望云大师生。我们就在这95级台阶道上夹道欢迎，并把贺元帅护送到大礼堂（也叫大课堂，是当时上大课如政治课的地方，也就是现在的庆来堂），并请贺副总理作报告。这些往事历历在目，清晰如昨。

时光飞逝，岁月如梭。40多年过去了，如今的会泽院，修旧如旧，外古内新，呈现出古典与现代相结合的风韵。炮台大炮修复了，铁大门仍铮铮发亮，今天的会泽院，正以新的风姿，坚守在翠湖之滨的95级台阶之上，迎来送往着一批又一批、一代又一代云大人。

师生相约北京天安门

李金惠

我们相约在天安门的故事，还得从头说起。

郑绍钦、谢本书是云大历史系的老师，上过我们班的近现代史课，郑老师还担任过我们班的班主任。由于中苏关系恶化，反修、批赫（赫鲁晓夫）的需要，两位老师1964年先后被中国社科院中国近代史研究所借调到北京工作。我们六个同学都是云大历史专业1964年的毕业生，四人被分配到对外文化联络委员会，两人被分配到国家房管局工作。为联系师生感情，大家冒着严寒，相约到天安门，留下了这张珍贵的老照片。

让人难忘的是昆明到北京的行程。我和黄玉鹏拿着报到证去昆明南站买火车票时，服务员看了报到证后告诉我们：火车票只能买到沾益，行李要办国际托运。国际托运是从昆明滇越铁路经蒙自到越南河内，再从河内换国际列车直达北京。正所谓“云南十八怪，火车不通国内通国外”。人的行程就更艰苦了。为今昔对比，不妨简述一下：

第一天：昆明——沾益（火车），住旅馆。

第二天：沾益——贵州普安县（汽车），住旅馆。

第三天：普安——安顺（汽车），安顺——贵阳（火车），住旅馆。

以后几天都是坐火车，在车上过夜：

第四天：贵阳——广西柳州，参观刘三姐对歌亭。

第五天：柳州——湖北武昌，参观武汉长江大桥。

第六天：武昌——河南郑州。

第七天：郑州——北京。

今天，坐火车从昆明直达北京，只需一夜两天，约三十六个小时。飞机就更快了。

1965年起，昆明到北京，虽有直达列车，但速度很慢，仍需三昼夜，七十二个小时。在北京工作，一年一次的探亲，单程票，硬座46元。坐三天三夜的火车到昆明，腿脚都肿了。

因夫人、孩子都在昆明，我便申请调回云南，1972年回到母校工作，直到退休，至今仍在云大安度晚年。

这张1964年12月27日在天安门前合影的黑白照片，至今已保存了五十多年，依旧完好、清晰。照片中的我们，从左到右是李淑珍、李金惠、黄玉鹏、郑绍钦、谢本书、董福康、冯悦珠、唐春和。站在寒风刺骨的天安门广场金水桥旁，个个精神饱满，心情愉快。

丰富多彩的集体活动

易　敏

云南大学工会和云南大学离退休工作部门党委、离退休工作处素有“教职工之家”的美誉，屡获全省“先进”和“优秀”称号。粉粹“四人帮”以后的1978年，我回到母校，在西南亚研究所兼任部门工会主席直至1994年退休，具体经历不一一赘述，以下9张旧照可略窥概貌，以兹纪念。

①②③三图是1980年，学校组织各院系工会负责人参观云南农业大学的情景。

1980年，游曹溪寺留影。

1980年云大教职工运动会比赛体操时，云大西南亚研究所教工参赛场景。

一排：左一鲁庆莉（副研究员，曾任云大科学馆副馆长）、左二施同仪（副研究员）、左三王菊如（副研究员）。

二排：左一易敏（教授）、左二杨晓稳（副研究员）。

三排：左一张光平（研究员）。

1980年游温泉时留影。

①②③三图是1980年游温泉时留影。

喜游西山龙门

古明清

我和物理系1962级学生同游西山龙门时留影。

2002年，我和物理系1962级部分同学在滇池边合影。前排左三是牛绍尧副省长，左四是云南师范大学副校长夏英齐教授，左二是古明清教授。

第一张照片中前排中间是古明清，左边是团支部书记赵永达，毕业就在云南教育学院（后并入云南师范大学）任教，退休前为教授，右边是朱玲心；后排左边是孙丕基，右边是牛绍尧。牛绍尧同学毕业后，曾在军垦农场锻炼，后去思茅（现普洱市）工作，因工作出色，后升为云南省国防工办主任、常务副省长、省人大常委会常务副主任。他于2014年8月在昆明去世，享年71岁。

1963年上半年，我担任云南大学物理系62级学生的高等数学专业课教师，时值我大学毕业任教第二年，为提高教学质量，必须与同学们相处如亲人，这样才能深入学生中。为此，在一个周末，我做东，邀请年级团支委到昆明西山龙门风景区游览、交流、谈心。游览途中看到西山三清阁有副对联：置身须向极高处，举首还多在上人。从中可以悟出：年青人应有人生追求，应谦逊做人。常言道：山外青山楼外楼。

澄江考察

古明清

1998年，我当时任云南大学工商管理与旅游管理学院的研究生导师，需对专业领域进行调研，在陪同时任云南省旅游局局长罗明义（前排右一）、玉溪市副市长孟楚永（前排右二）开会时，和他们一起考察抚仙湖的旅游状况。左一是古明清。

考察澄江时与孟楚永、罗明义合影。

冬游大观楼

赵一凡

1965年冬天，云大历史系学生和赵春谷老师的儿子赵一凡在昆明大观楼合影。一排中间戴帽子的小孩是照片提供者赵一凡。

学生们在大观楼公园内做游戏的场景。

活动结束后在大观楼正门前合影。

西山踏青

赵一凡

照片前排左一胡正邦，右一陈士奎，右二申有龙，右三刘传芳。后排左一冯刚，左二郭文清，左三杨正元，左四曹铎光，左六徐学铣，左七赵春谷。

工警联谊会

肖　才

1948年的“七一五”民主运动被国民党反动派镇压，但革命烈火仍然燃烧着。1949年上半年在全国革命形势的影响下，昆明“反内战”“反饥饿”“反迫害”的民主革命斗争的烈火越烧越旺。在革命的浪潮中，党组织为了发动、团结更多的人投入对敌斗争，在各行各业中推动并发展了革命群众组织。云大教职员工也分别成立了教授会、讲助会、职员会、工警联谊会和学生会（学生会很早就有了），各个会设有干事会，以党员以及民青、工盟成员为骨干。工警会干事多数是工盟成员。为统一指导革命工作，于1949年5月正式成立了云南大学五联会，由各会分别派代表参加联席会议，工警会由李金祥同志为代表，地下党员郭佩珊教授被选为五联会主席。五联会的任务是团结全校师生员工，开展对敌斗争，争取民主，维护自身利益。

革命的道路不是笔直的。1949年9月，面临彻底失败的蒋介石，企图以云南为反共基地，令云南省主席卢汉进行“整肃”和“整理”。9月9日对共产党、民主人士等进行大抓捕，被称“九九整肃”。云大成立了“云南大学整理委员会”，卢汉任主任。9月13日下午，“云大整理委员会”贴出布告：军警要进驻学校，有共党嫌疑者该晚五时前必须离校。被“整理委员会”改聘，裁退开除的教职员工近百人，其中工人约30人，多数是干事会成员，于当天晚上在风雨交加的黑夜里被赶出校门。国民党真是残暴啊！

1950年7月，云南大学工警会全体会员合影。肖才（一排左六）、孟兴荣（一排左十二）、张凤鸣（二排左三）、施俊（二排右八）、项万元（三排右六）。

1950年7月，云大工警会第四届全体干事合影。干事会成员有：第一排（从左至右）为张凤鸣、李森、夏芪森、蒋德、徐家兴。第二排（从左至右）为夏荣顺、孟兴荣、李勤、施俊、范兴华、施崇贤、方崇明、李克俊。第三排（从左至右）为项万元、肖才、赵恒丰、陈志兴、熊庆寿、陈昌位、杜定全、周应光。

1949年12月，卢汉起义，昆明解放。被裁退、开除的部分教职工纷纷返校，复工复职补发工资。云大由五联会维持校务，我曾代表工警会参加过几次联席会议。1950年9月，昆明市军管会文教部联络员张一夫进驻云大，9月25日成立“云南大学临时管理委员会”，秦瓒任主任委员，11月五联会结束其职能活动。

工警会时期的工作，是在党组织派来的进步学生即夜校老师的具体帮助下，以“工盟”支部成员为骨干，工警夜校为活动中心开展工作，配合学生会举行的萤火晚会做一些服务工作。主要工作是通过工警夜校的公开活动，团结发动更多的工人到夜校参加文化学习、文艺活动，唱《山那边有好地方》等革命歌曲，接受进步思想教育。还为工人谋福利，在萤火晚会场地旁卖宝珠梨，收入作为工警会的活动费。也曾找过校长熊庆来，要求改善工人一餐一碗糙米饭，一个小菜加米汤的艰苦生活条件。昆明保卫战时，在五联会的指挥下，一部分青年工人参加了“义勇自卫队”，投入战斗，做出了贡献。

（参考资料：《云南大学志》第三卷《党群篇》）

到艰苦的地方去

吴多胜

物理系79级电子专业宋玉斌同学（左三）是1983年7月毕业的学生。他积极响应党的号召，向组织提交申请，坚决要求到西藏去。经学校批准，同意分配到西藏工作，参加社会主义建设。这是离校前，欢送宋玉斌同学进藏的合影留念。参加合影的有：校党委副书记西競强（右四），系党总支书记田子华（右二），副书记吴多胜（右一）、系团委书记严思慎（左一）、教师文正祥（右三）、教授胡问国（右二）。

积极应征入伍

吴多胜

物理系79级同学于1983年7月毕业，部分学生积极响应国家号召，应征入伍，保卫祖国，保卫社会主义建设。这是离校前系党政领导和老师欢送参军入伍同学的合影留念。

我是云大动物学专业首届毕业生

何晓瑞

云南大学1923年正式建校，1934年时为省立大学，何瑶任校长，有文法、理工和医学三个学院。1937年，著名数学家熊庆来当校长，理学院设植物、算学和理化三个系。

云南不仅植物种类丰富，是著名的植物王国，而且动物种类也非常丰富：云南脊椎动物有1759种，占全国52.5%；哺乳动物有314种，超过全国哺乳动物种类的一半；鸟类有800多种，超过全国鸟类种类的三分之二。由于云南特殊的地理位置，复杂的地形、地貌和气候等因素的影响，特有物种很多，仅无量山地区就有特有物种45种；鸟类中有105种，如绿孔雀、双角犀鸟等在我国仅产于云南。云南是世界动物起源、演化的重要宝地，中外学者历来非常关注。丰富的动物资源是云南更是我国的宝贵财富。

1956年，云南大学第一次招收了动物学专业三十名学生，八名女生，二十二名男生。云南、贵州各四名，其余二十二名来自四川。

为办好动物学专业，学校和生物系领导是很重视的，特别是当时副系主任潘清华教授对此早有考虑。数年前，先后从复旦大学、中山大学、南京大学引进了一批动物学专业教师。

当时我们的师资力量算是较强的，有的老师水平很高。留美的肖承宪教授及潘清华教授主讲“脊椎动物学”，刘瑞麟老师主讲“无脊椎动物

1960年9月，动物学专业首届学生毕业时留影。

学”，周绮楼、李永材及丁明老师讲授“动物生理学”，李靖炎老师讲授“组织学”“细胞学”，桂薰老师讲授“胚胎学”，肖洪武老师讲授“人体解剖学”，何纪昌老师讲授“脊椎动物分类学”，程量老师讲授“昆虫学”。

有一些基础课是请植物学、微生物学及植物生理学教研室老师担任。“植物学”是请陆元芳和钱澄宇等老师主讲，他们都是很有经验的老师。指导实验课的师资力量也较强。

专业课中，有一门重要课程叫“脊椎动物比较解剖学”，它对各纲各类的脊椎动物进行解剖，并作比较，进而了解各类动物器官系统的演化和进化过程。此课程特请北京大学著名老教授崔芝兰来昆明主讲。她是当时北大生物系主任李汝祺教授的夫人。她所用的大量图表全用雪白标布绘制，从北京带来，教学一丝不苟，态度和蔼可亲，给我们留下深刻的印象。

还有一门专业课“动物生态学”，是从昆明师范学院（现云南师大）请来的朱智华老师讲授。她曾参加过库加金教授主讲的“动物生态学学习班”的学习。库加金是苏联著名的动物生态学家，曾参加过抗击德国法西斯战争，也在我国东北及云南作过野外考察。他曾来云大作过动物生态学的学术报告，我也去了，受益匪浅。朱老师的教学注重动物的野外观察，特别是鸟类的识别和数量统计。

大三时，我们的基础课上完后，便分成“脊椎动物学”“动物生理学”和“昆虫学”三个专门化，各有老师分头上课，指导教学实习及毕业论文。

四年中，我们学习了约四十门基础、专业和专门化课程，完成了各种实习、野外考察，最后写成了毕业论文，总体感觉学得很踏实。各位老师的教学都很认真负责，成为我们以后工作的表率。我们衷心感谢各位老师的精心培育。

云大幼儿园掠影

赵一凡

1964年“六一”儿童节，云大幼儿园大班女生在表演节目。

云大教授编写的汉语教材获曼谷师生好评

龚宁珠

21世纪初，云南大学曾为曼谷市教育厅所属中小学校分批培训过汉语教师。2003年云南大学对外汉语教学情况考察组到曼谷市看望曾参加过汉语培训的汉语教师时，得知教师们急需适用的汉语课本。云南大学龚宁珠教授于2003－2004年编写了小学1～3年级汉语课本和相应的配套练习册各六册共是十二本，并复印分发给曼谷市的47所直属学校62位教师及2000名学生试用。

在该套教材试用期间，参加试用学校的62位教师对课本的评价很好，希望能正式出版，以免复印之繁琐。

2005年，云南大学受泰国曼谷市教育厅的委托，在龚宁珠教授编写的《泰国六年制小学汉语教科书》（试用本）的基础上进一步修改完善，由云南大学出版社正式出版了《泰国六年制小学汉语教科书》。全套教材共十二册，并配有十二本练习册。该教材是根据当时曼谷市教育厅所属小学汉语课程教学大纲的要求和实际需要，结合小学生的特点编写的。用中泰文对照，不仅适合曼谷市教育厅所属小学使用，同时也适合泰国各地小学开设汉语课使用。教材内容由浅入深，循序渐进，注重汉语基础语言知识、基本言语技能和言语交际能力的综合培养，形式力求生动活泼，以调动小学生学习汉语的兴趣。

2006年6月16日，云南大学举行了“云南大学赠送泰国曼谷市教育厅小学汉语教材仪式”，赠送给曼谷市教育厅200套共4800本汉语教材。

曼谷市教育厅外国语教学督学官素潘·巴拉舍辛女士和曼谷市侬克姆区版坤学校汉语教师娜帕婉·披伦萨纹女士代表使用教材的教师反馈使用情况时说，该套教材与泰国基础教育教学大纲要求一致。课本内容和语言的运用完全适合各年龄段学生的需要。课本版式很适合教学。每一课的学习内容短小精悍，图文并茂，使课文更具有吸引力；图画精美，能引起各年龄段学生的学习兴趣。由于学生们对使用这套课本学习汉语有极大的兴

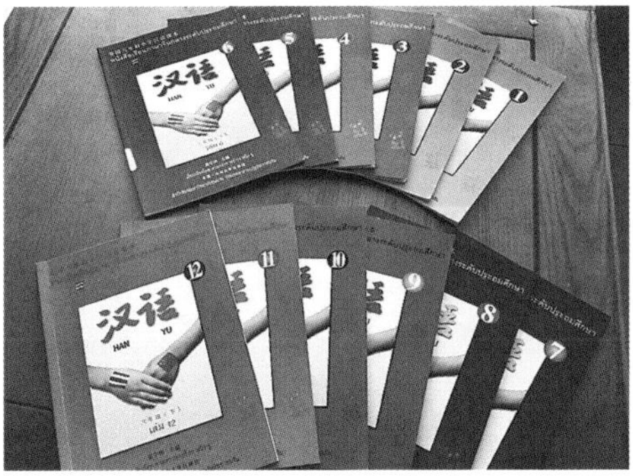

1～6年级汉语教材。

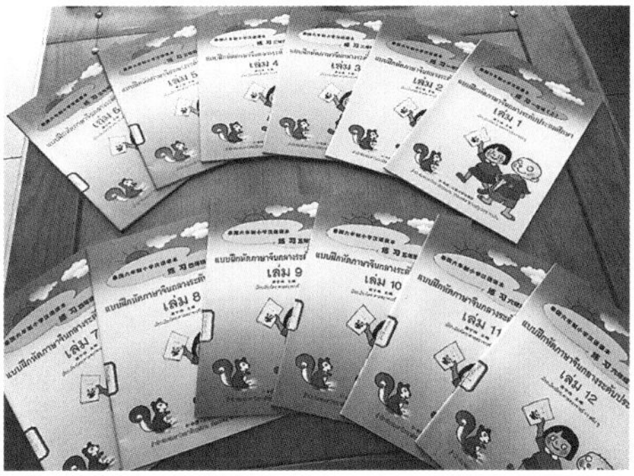

1～6年级汉语教材配套练习册。

泰国小学生使用教材学习汉语的情景。

泰国曼谷教育厅副厅长（左三），教材编写者龚宁珠（左四），云南大学出版社时任社长施惟达（右三）和使用教材的学生合影。

趣，从而使我们搞好汉语教学的有关计划得以顺利实现。学生及学生家长对学习汉语的兴趣很浓厚，虽然我们教汉语的教师很有限（每个学校只有1～2人），但有了好的汉语教材，就能帮助汉语教师教好学生，同时也帮助学生学好汉语。

由云南大学出版社出版的《泰国六年制小学汉语教科书》是在泰国推广的由中国的出版社出版的第一套小学汉语教科书，自赠书仪式后，该教科书先后在泰国北部一些府和曼谷市一些民办小学推广，供一年级到六年级的学生使用。这在汉语国际推广基础教育方面是史无前例的。

此情缱绻

我的长征回忆

杭滇华

1966年10月以后，此时已开始了全国的大串联，由于不能正常上课，怎样才能做点有意义的事？于是我想到了趁大串联的时间，去重走长征路，继承革命传统，磨炼自己的意志，做革命事业的接班人。于是和我的好朋友郭东昇、张凯芬一起参加了云南大学的“为人民服务长征队”。

长征队共有15位成员，化学系三年级12人，二年级3人。其中只有我们三位女同学。为什么接收我们三人？因为这个以工农成分为主的长征队，不相信我们三个家庭条件优越的女生，能跟其他同学一样吃苦耐劳，经受步行串联的考验。三人中郭东昇的父亲郭少川是当时的昆明市委书记，张凯芬的爸爸是昆明铁路局的总工程师，我父亲是国防工厂的技术方面的负责人。我们的决心和勇气感动了大家，于是，我们成了长征队的队员。

1966年11月16日，长征队举着“为人民服务”的鲜红的队旗，走出云南大学校门，走红军长征走过的路，开始了长征。长征途中的点点滴滴，被我的一个小小的135相机记录下来，留下了这些珍贵的照片。

会理望城坡上，英姿飒爽的三个女战士合影，头戴军帽，左臂上套着红卫兵袖章，打着绑腿，虽然穿着打了补丁的旧衣服，但张凯芬的灿烂笑容，郭东昇的从容淡定以及我对未来充满信心的目光，成为我们年轻时最美的形象。身后是崇山峻岭和已渡过的金沙江，虽然脚上的水泡、血泡

我们在会理望城坡上留影。左起：张凯芬、郭东昇、杭滇华。

变成了老茧，经常因为喝了山里的凉水拉肚子，吃几瓣生大蒜，坚持跟上队伍不掉队。遥望会理县城，漫漫征途，还有多少艰难险阻等待着我们。我们是继往开来的革命接班人，一定要继承光荣的革命传统，克服千难万险，完成使命。长征结束后，我们还要走到北京去见毛主席。

步行长征的路上，沿途都有接待站。两个接待站之间一般是三十多公里，是我们一天的行程。有一天，早上走得早，路也好走，还不到下午两点我们就到了接待站，看看时间还早，为了早一天到北京去见毛主席，我们决定继续前进，到下一个接待站再休息。一天赶两天的路，错过了接待站，又是在大山里走，没有吃晚饭的地方，越走越艰难，天黑以后，只好沿着公路前进。有卡车经过，好心的司机停下车，要带我们一段，我们婉言谢绝。深夜了，一辆军车停下来，一个解放军军官几次让我们上车，我

我们在金沙江边皎平渡口留影。

们说："重走长征路，我们要到北京去见毛主席，一步都不能掺假。"解放军被我们感动了。这天凌晨三点才到，走了七十多公里。三个女生同甘苦共患难，我们有了一个共同的名字——郭凯华。现在我想：只要有了坚定的信念，就没有克服不了的困难。

在金沙江边的皎平渡口，我们见到了当年抢渡金沙江时为红军划船的老船工陈月清夫妇，在他们家门前的江边与两位老人一起拍照。过江后，我们在红军驻扎过的江边露营，打开背包，中间用一块油布隔开，就是男生和女生的宿营区。吃过用高金惠背来的行军锅做的晚饭，望着天上明亮的星星，我们唱着革命歌曲，久久不能入睡。半夜时分，一些持枪的民兵

1966年11月16日于富民留影。

把我们叫醒，我们说我们是红卫兵不是坏人，民兵告诉我们：金沙江后半夜要涨潮，这里会被淹没，睡在这里会被江水冲走，是巡逻的民兵发现了我们，感谢他们！长征途中，所到之地的政府和群众对红卫兵的关心和帮助无微不至，无法一一细说。

从学校出发，渡过金沙江，走过大渡河铁索桥，翻越夹金山，过草地，过天险腊子口，步行三千余公里，到达甘肃岷县。中央通知停止串联，我们于1967年2月回到云大。

短短3个月的步行串联，是我终生难忘的一段经历，给我留下了宝贵的精神财富。我们这一届大学生，在云大的五年中，受到云大深厚文化底蕴的熏陶，我们学到了建设祖国、服务人民的科学知识，后两年我们受到革命的洗礼与磨炼，有了克服困难和经受考验的坚强意志。在为祖国和人民贡献自己力量的这三十多年中，我一刻也没有忘记感谢您，我的母校——云南大学。

寓居向泽馆逸事

刘学愚

我们家在向泽馆居住了较长的一段时间，居久生情。今天虽然向泽馆已踪迹全无，但四十多年过去了，其情其景至今仍历历在目。乐闻趣事颇多，回忆起来，使人倍感亲切。

向泽馆，顾名思义，是一栋面向云大核心主楼、标志性建筑——会泽楼的馆宇。它坐北朝南，背靠映秋院和至公堂，正面就是会泽楼，东临考棚，俗称东宿舍，西接钟楼（这也是云大的一座标志性建筑）。它是一栋自东向西的长方形平房建筑，处于云大校园的中心地带，四通八达，周围绿树成荫，繁花似锦，环境极其优美，生活也十分方便，曾一度是教职工宿舍。它与会泽楼都是云大于20世纪20年代建校初期建成的历史悠久的古老建筑之一，形成前后呼应、彼此协调的欧式风格的建筑群。

由于向泽馆是一栋自东向西内有走道的建筑，人们把这座平房建筑一分为朝南和朝北相对应的两排房屋，南北各十二间，一大一小，为一套房子，一家人居住，整个向泽馆居住了十三家人。朝南的房子面积要大一些，做卧室兼书房和会客室，功能极多，大大小小一家人就蜗居于此。朝北的一间面积比较小，通常是用作厨房。或者孩子长大了，不能再和父母挤在一张大床上，就住在北边的小厨房内。向泽馆的房屋面积虽然小，但是屋顶很高，它的特点是门小窗子大，与会泽楼一样是典型的欧式建筑。通风采光很好，空气畅通，光线好，冬暖夏凉。冬天由于有很大的窗子，太阳直射进屋，光照时间长、面积大，十分温暖。夏天，又因房子间架高，通风透光，屋内没有压抑之感，很舒畅。由于其独特的地理位置和人员密集的居住特点，生活中出现诸多乐闻趣事，印象极深。

过去那个年代，教师的住房都是由单位统一分配的。往往是将一个系或一个单位的教职工集中分配居住于一栋楼或比较相近的区域，这也便于

这是向泽馆旧址。此照片由云南大学档案馆提供。

管理和彼此的照顾。当时居住于向泽馆的十三家住户全是学校政治系的教职工，关系自然很密切。十三家人连同家属子女，共计五六十号人，十分热闹。然而，同系的老师虽然都是同事、同行，但却是不同专业、不同课程的老师。当时，政治系设有哲学和政治经济学两个专业，有的老师讲授哲学、哲学史，有的老师讲授经济学、经济思想史，有的老师讲授中共党史、国际共运史等等，每位老师都擅长或偏重于某些方面某几门课程的讲授，而对于其他方面、其他课程未必都很熟悉。但是，许多课程彼此之间又是互相联系，互相渗透，互相交叉的，因此，教师间的相互沟通、相互切磋、取长补短就大有好处，疑难之处可以就近解惑答疑及时解决，互相交流学术心得，传递学科间最新的学术动态和研究成果，往往事半功倍。不仅丰富了教学内容，而且也大大增进了教师间的友谊。

向泽馆是筒子楼形式，由于从房屋中间开了一条自西向东的内走道，把房屋分为向南北开窗，大小各异的两间房，朝北的房间小，用作厨房。那个年代还没有煤气，各家各户烧的都是蜂窝煤，一个个小蜂窝煤炉子摆放在小厨房门口，它就成为每天排放大量一氧化碳的小烟囱，这是一种对人体有害的物质，可是人们每天三餐都离不开它。因此，只好把它放置在内走道的各家厨房门口，也便于操作。每天烧饭做菜时是向泽馆最热闹的时段。张家炒肉片、李家炒辣椒、王家炖排骨，香气、辣味四散，五味俱全。谁家做什么菜，吃什么饭都是清楚透明，一目了然，毫无隐私可言。那个时候物资匮乏，多数食品都要凭票证供应，大家都很珍惜那点定量供应的肉食，尽量要把它做得好吃一些，有点特色。因此，哪家菜做得好，做得香，四邻都会跑去看看，参观取经或尝上一口。所以，向泽馆的邻居们常常有机会相互交流烹饪的技艺，南北东西各方风味都能尝到，取其所长，补其所短，既饱了眼福，又满足了口福。有的老师是多面手，不仅在严肃的讲台上向学生们滔滔不绝地讲授深奥的理论知识，娓娓动听，深受学生欢迎，而且锅头灶下的技艺也十分娴熟，做出菜来色香味俱全。

向泽馆的邻居彼此照顾，相助相帮。那些年买蜂窝煤是生活中的一大难题，我们常在青云街或北门街煤店买煤，每次得先借好三轮车，早早就要去煤店排队，把煤顺序从压煤机上一个个取下，装在三轮车上，尔后连骑带推，一家人全部出动把这车煤推回学校。最困难的是进入学校正大门后，要把装载有200块煤，几百公斤重的一车煤，从会泽楼东侧那条车道上推到向泽馆，这是一条云大校园内坡长最长、坡度最陡的一个大斜坡，特别是坡顶从东向西拐弯的地方坡度尤为陡峭，几乎到了五六十度，过去张贴有一个告示——“自行车到此，必须下车推行”，以示提醒。要自下而上推着沉重的一车煤，单靠一家几个大人的力量显然是不够的，这就需要集体的帮助，要邀几位老师或同学帮上一把，连上小学二年级的小女儿都要一起出动，她骑在车上帮助把握方向盘，齐心合力，才能把一车蜂窝煤推上坡顶，经熊庆来、李广田故居才能到达向泽馆，把煤卸下车，已是筋疲力尽。类似相帮的事情很多，记得有一次，我吃了邻居买回的卤猪肚，可能商家没有洗净，晚上就上吐下泻，严重脱水。那时还没有120急救医疗服务，幸好清晨就有两位男老师闻讯前来相帮，立即搀扶我到学校卫生科，及时请医生诊断治疗，才得到有效控制。当时的向泽馆，保留了中国邻里之间相互帮助、相互关怀的传统美德。相形之下，现代的居住条件得到了很大改善，人们住在高楼大厦的单元房，虽近在咫尺，但往往如远隔天涯。

向泽馆不是封闭式的单元房，而是开放式、放羊式的住宅，不像现在一幢幢单元式的楼房，好似“鸽子笼”，进了鸽子笼关上门，上下左右就互无往来。孩子们活动的空间范围极其狭窄，出了家门进学校门。放学回家，进了家门，往往就龟缩在他（她）的房间内，经常接触的就是父母或爷爷、奶奶、外公外婆和同学。没有兄弟姊妹，没有同龄的小朋友在一起玩耍，会显得孤单，见识受限，孩子心灵也会受到影响。所以，现在的孩子常常表现出早熟、老成、孤僻、缺少童真。当年的向泽馆却不一样，孩子们脖子上都挂着一串门钥匙，放学回家，把门一开，书包一扔，就急促地跑出家门。呈现在眼前的是广阔的活动园地，会泽楼背后，至公堂前面是一个面积很大的活动场所，孩子们三五成群地滚铁环、踢球、打乒乓球、捉迷藏等等，内容极其丰富，在树林下躲藏起来，很难发现。西边是高矗的钟塔，负责敲钟的马师傅，很喜欢这群天真活泼的孩子，有时会带他们登上云大标志性建筑钟楼的顶端，鸟瞰整个云大校园和昆明市的城市景观，从高空看到了云南大学和昆明市的全貌，孩子们特别兴奋。各家各户的孩子进出家门都很方便，随时都能见面，相约一块玩耍。当时，向泽馆前后院有几棵桃树和梨树，树干很矮，几个小男孩常常相约爬到树上摘桃子或梨吃，其实那些桃、梨均未成熟，长得很小，就被孩子们摘光吃光了。

那些年，物资短缺，食品匮乏，有的老师在窗前屋后的空地上或花盆里栽种蔬菜爪果，既是乐趣，也补家用。有一位老师种的南瓜长得特别大，邻居们见了都很羡慕，他家种的洋丝瓜，丰收时还送一些给邻居。孩子们不仅仅看到了瓜果蔬菜，而且直接看到了它们是怎样生长出来的，这大南瓜不是从树上长出来的，而是在地上种出来的，自然增加了许多自然科学的知识。我们家的孩子在窗台花盆里种了两棵西红柿，结出了几个小果子，孩子们很兴奋，经常用手去摸它，急于求成，结果西红柿始终长不大，欲速则不达。向泽馆周边树木花草甚多，侧旁又有水池水沟。因此，仲夏之夜，昆虫齐鸣，尤以癞蛤蟆呼叫声最大，此起彼伏，似乎它们相互之间也在比赛，看谁的叫声最大，这也是向泽馆的一大景观。孩子们最喜欢的是去捉蟋蟀，一是斗蟋蟀好玩，二是可以喂鸡，期盼鸡能多多生蛋。1979年对越自卫反击战时，还发生了一件有趣的事。当时昆明师院附小组织学生到昆明军区总医院即四十三医院慰问在自卫反击战中负伤的伤病员，老师希望学生拿一点慰问品，例如鸡蛋、糕点、水果等，到学校汇集起来，去慰问解放军伤病员。那时候，鸡蛋还是很稀有的，我小女儿把家里所有的三个鸡蛋都拿出，尚嫌太少，就拿个小凳子坐在鸡窝旁，静静地等待家里养的那只母鸡赶快下一个蛋，好一起拿去慰问伤病员。可是等了老半天，老母鸡就是不下蛋，还是妈妈及时提醒她，“傻孩子，你呆坐在那里等着它生蛋，它害怕，怎么会生蛋？赶快离开，它自然就会生了。”果不其然，孩子搬走小凳离开后，这只老母鸡也许已领会了主人的意思，不一会儿就下了一个鸡蛋，它就及时地跑出鸡窝，“咯哆，咯哆”地大声叫着，似乎在提醒主人，它已生了蛋。孩子大喜，赶快从鸡窝里拿出热乎乎的鸡蛋与其他三个鸡蛋一起用袋子装着，快步跑到学校，赶上老师正集合学生，高高兴兴地到四十三医院慰问从前线负伤回来的伤病员。孩子从医院回家后很高兴，大谈她们到医院慰问伤病员的情况，印象极深，孩子们受到了现实的爱国主义教育，收获颇大。

那时候，家里能养只鸡都是一笔不小的财富，因为家里没有什么贵重值钱的财物，鸡就成为小偷偷盗的主要对象。谁家被偷了一只鸡，就是一笔重大的财产损失。所以，大家都小心翼翼地看管好鸡，特别是晚上要把鸡笼关上锁好。

向泽馆距离学校图书馆很近，绕过至公堂就是图书馆（现为信息学院大楼），老师借阅书籍很方便，连孩子们也沾近水楼台之光。我们家的两个孩子在中小学阶段，逢到暑寒假或其他有空的时间，就借助图书馆，阅读了许多中外名著，诸如中国四大古典名著、《东周列国志》、《唐诗三百首》、《十万个为什么》以及外国的《钢铁是怎样炼成的》、《高尔基文集》、《战争与和平》、《普希金诗集》和《安徒生童话》等，受益匪浅，奠定了较好的语文功底。至今孩子们都十分怀念那段生活。

向泽馆的孩子们不仅在一起玩耍，而且他们互相比赛学习成绩，争当三好生，互比奖状的多少和获奖层次的高低。有的参加学校的象棋比赛，拿回了奖状，很高兴；有的小朋友还被师大附中选拔参加了北京的全国夏令营，觉得很荣耀；有的考入名牌大学或到国外深造，大都事业有成。这也是做父母的莫大欣慰。

孩子们好奇心强，喜欢相互攀比模仿，包括谁家吃点什么新鲜食品，有什么新花样，都会马上传开。我和老伴因曾在北京学习工作了很长一段时间，学会了做一些北方的面食，诸如包子、水饺、糖三角等等，特别是糖三角，由于形状特殊，又是甜食，孩子们特别喜欢吃。每当我做出了糖三角，两个孩子都要拿出去，坐在钟楼下的石阶上吃，借以显摆，其他孩子见了很快就会围拢来，问长问短，问好不好吃。两个孩子也很大方，让他们咬一口尝尝，乃至将大半个糖三角都送给了对方，自己跑回来又拿一个出去。那个年代，电视机还是稀有之物，整栋向泽馆好像只有一位老师家有一台黑白电视机，孩子们很好奇，都涌到这位老师家争看电视，热热闹闹，非常高兴。由于孩子们彼此之间融洽和睦，颇利于他们身心健康地成长。

向泽馆的房子设施比较简陋，没有卫生多功能的住宅。我们一家四口人，我和老伴孙德华以及两个分别上小学和幼儿园的孩子住一大一小两间房的一套房子。朝南的主卧室面积大一些，条件稍好，摆放了大小两张床和临窗的一张书桌，供我们夫妇和读小学的孩子三人读书、做作业和备课之用。互相都要用，自然是先让孩子学习、做作业，剩余的时间才是我们夫妻共用一张桌，左右各坐一侧，就像两个学生做作业互不干扰。可是老师备课、撰写书稿，要参阅大量资料，包括书籍、报纸、杂志等等，不是一两本，而是若干本，小小一张书桌岂能摆放得下那么多书刊，工作起来极不方便。我们只好在朝北的那间小厨房临窗的地方摆放了一张小书桌，这里光线被密集的树木所遮挡，视线不好，但是，可以把书籍资料摊开，阅读操作比较方便。我去小厨房书桌备课，让老伴在卧室书桌备课，可她执意不肯，要把卧室的书桌让给我，她去小厨房的书桌。理由是，她去厨房一则可以看书备课，其次做饭炒菜也很方便，一举两得。还幽默风趣地说，你是正家长嘛，我是副家长，你应该在卧室。我只好顺从其意。

我们就是在这样比较艰苦简陋的环境下工作的，而且一呆就是许多年。那些年，我们俩分别承担的教学任务比较重，她讲授“政治经济学”“资本论”，我讲授“主要资本主义国家经济史”“国际经济关系专题”。除此之外，还要承担社会上的一些教学任务。那个年代，提倡开门办学，教师要到机关、部队、工矿企业结合政治理论学习，讲授一些专题。临时性的教学任务，时间紧、任务重、难度大，讲授一次课很辛苦。同时，还要积极地进行学术研究，撰写学术论文，这是充实、拓展、丰富教学内容，活跃学术思想，提高教学水平的推进器，否则就会变成一个纯粹的“教书匠”。我们的一些书稿和理论文章就是在这种比较简陋艰苦的环境下写成的。例如，1975年，我们在颇具影响力的《思想战线》创刊号上发表了一篇有关资本主义经济危机的学术论文，《云南日报》 理论版连续发表了我们的多篇经济学方面的文章，有时由我们夫妻分别署名同时发表的文章占据理论版的三分之二个版面。例如，20世纪70年代后期，举国上下开展的一场真理标准的大讨论。这是几十年来在思想路线上的一次重大变革，它涉及政治、经济、思想文化领域的各个方面。针对云南农村的实际，我撰写了一篇《实践是检验经济政策的唯一标准——从落实农村经济政策谈起》的政论性文章。这篇文章紧扣“实践”这一主题，密切联系实际，颇有针对性、指导性和实践性。文章分为“实践是制定政策的出发点”“实践是检验政策的唯一尺度”“执行政策要从当地实际情况出发”三个小标题，篇幅比较长，于1978年10月30日在《云南日报》第二版头条，以竖栏的粗黑体字为标题，近三分之一个版面，全文发表，十分醒目。次日，云南人民广播电台早晚两次全文播诵，颇有影响。特别是孙德华老师参加编写的，由教育部组织包括复旦大学、南京大学、武汉大学、厦门大学、中山大学、四川大学和云南大学等16所综合大学联合编辑出版的高等学校教材《政治经济学》（资本主义部分），这部教材简称“南方本”，是一部博采众家之长，又有自身准确、科学、严谨、深入浅出特色的部颁高校教材，于20世纪80年代初期出版发行，先后再版3次，19次印刷，发行量高达140多万册，成为20世纪八九十年代在全国颇具影响力的优秀教科书，被众多高等院校选为基础课或专业课教科书。同时，我们共同参与编写的全国经济类规模最大的书籍《管理思维经营大全》（13卷，2000万字）由科学出版社出版后，受到国内外80余家报刊的赞誉，新华社称它为“填补了中国企业管理经营理论系统工程的空白”等等，这些著作和文章都是在向泽馆这两间陋室里，熬更守夜，一字一句，在稿纸上完成的。两个孩子睡醒一觉，起床小便，发现爸爸、妈妈还在伏案工作，他们都会喊：“爸爸、妈妈你们赶快来睡觉了！”有趣的是，老伴在厨房小书桌上备课，小书桌旁放着一个腌菜坛子，夜深人静，她正聚精会神地阅读资料或撰写书稿时，突然，坛子边沿的腌菜水发出“澎！澎！”的气泡声，既是一种意外的插曲，也是一种提醒，该收笔休息了。陋室开出了鲜花，结出了硕果，作为一个学者也是一种欣慰和满足。

当然，事物都有两面性。有接触，有交往，既会产生正能量，发挥积极作用，也会产生磨擦和纠葛。但还是正能量居多，占主流。当然，也出现过一些小摩擦、小纠葛。诸如用水的问题，孩子吵闹的问题等。全栋房子，居住着十三家人，大大小小五六十号人共用一个室外水管，必然会产生矛盾，特别是两个时段尤为紧张。一个是清晨起床后，纷纷涌去接水洗漱、做早餐、刷痰盂等等，孩子们要忙着上学，大人要忙着上课、上班，这些活动都是有严格的时间要求不能耽误的；另一个时段是中午下班各家各户做饭，也都纷纷涌去接水洗菜、洗刷锅碗瓢盆。这两个时段用水的人最多，用水量最大，用水的时间最紧迫，很多人围在一个小小水管旁，有的人用水量大一些，耽误的时间就会长一些，有的人用水量少一些，耽误的时间就会短一些，大家只能耐心等待，按顺序接水，遵守先来后到的秩序。然而也有个别人会插队，这时就会产生一些小矛盾。特别是有的时候水压不够，向泽馆地势高，水压上不去，水管里的水流速非常慢，有点像眼泪一样，滴滴答答，十分缓慢，要接满一桶水需要很长时间，大家急得跺脚。另一个小矛盾来自于鸡的捣乱，有的人家养鸡，有的没有养，鸡是家禽，不懂规矩，是随意乱来的，有时候把屎拉在别家的门前或窗台上，或在别家的窗台上跳上跳下，影响他人工作、休息，这就会产生一些小摩擦。这些都是一些生活小事，无伤大雅，平时说说也就作罢，彼此也不会在意。

总之，向泽馆是一个地处云大校园中心地带，四通八达、开放式、生活十分方便的地区，也是环境优美，邻里关系密切，往来甚多，和谐相处，其乐融融的寓居场所。时至今日，令人难忘。遗憾的是，向泽馆多年前已被拆除，荡然无存。唯一留下的只有西边屋前的那根红色消防栓，仍孤零零地站在那里，仿佛在向过往的行人诉说着向泽馆昔日的欢乐与沧桑。

人生中最宝贵的经历

杨爱明

树立崇高的理想

云大物理系创立于1945年。中华人民共和国成立后，杨桂宫（后任云大副校长）先生在张其濬院长的领导下任物理系主任（第二任）。1953年高教部决定高校物理系四大力学（理论力学、电动力学、量子力学、热力学统计物理）全国统考。云大物理系金榜题名：两个第一、一个第二、一个第三。自此，云大物理系全国闻名，声名远播。

我们于1963年考进云大物理系。第一张照片是我们年级全体同学在圆通山的合影。照片中大家都面带笑容，每个人心中都这样想：我们能考上这样的学校、这样的专业是何等的荣耀。当时有同学说："若云南大学校徽下面再刻上物理系三个字该多好。"

进校前，我国经历三年自然灾害，人民生活很苦，国家很穷。世界上只有少数国家承认中华人民共和国的合法地位。要改变这种状态，最重要的，就是必须使我国科技发达，使国民经济实力雄厚。

第二张照片是1964年初，我所在小组的合影。照片中大家衣着朴素，我还穿着补丁裤，但我们的精神世界却极其富有。我们内心都有一种崇高的志向：掌握科学技术知识，为改变我国一穷二白的面貌而奋斗。我们站在九十五级台阶上眺望远方。暗示着我们会一个台阶一个台阶地战胜人生中的各种困难，努力攀登高峰，实现我们的理想。1964年10月，在毛主席

照片1　物理系1963级全体同学在圆通山的合影。

党中央领导下，我国第一颗原子弹爆炸成功。这天大的喜讯极大地鼓舞了我们，中华民族是一个伟大的民族！我们会通过一代又一代的不断努力，使我国在世界上立于不败之地。

为实现理想而奋斗

在云大读书时，党委书记兼校长高治国力主学校以教学为中心的思

照片2　1964年初，我所在小组的合影。

想，放手让李广田副校长主管教学行政工作。物理系由杨桂宫主任、王新总支书记、马文龙副总支书记、刘佩文秘书（后任云大副校长、教育学院院长及党委书记）主事。在符合教育规律的管理下，教师教书的积极性和学生的学习热情都很高，学校教学秩序井然。每天除紧张的学习外，下午四点三十分至六点是文体活动（有时在教室里集体唱革命歌曲，有时进行民兵训练，但多数时间都在球场上度过。学校每年组织一次运动会，鼓励大家锻炼好身体。1964年，我们年级各小组还进行过“学习雷锋好榜样”的演唱赛。文体活动使大家的身心得到放松）。晚自习还有老师（每门主课配一位辅导老师）答疑。上一年级时，我们的政治辅导员是朱联中老师，她对我们的学习要求很严格。给我们上课（包括理论课、实验课、专业课）的老师包括顾建中、郑智绵、唐懋荧、王光诚、王仲永、陈尔刚、尹兰泽、杨自天、杨春城、余文海、包德修、刘家莫、朱联中、王正本、王心平、谢应齐、林理中、李天牧、彭匡鼎、田子华、佘兆铭、曾吉荣、彭家沛、曾昭权、木崇敬、郑如梅、沈庆英、徐国枢、张德高、张义熙、周文德、吴兴惠、杨毓林、林恩慈、施家训、古明清、李德明、高晓宇、胡宗高、罗贵金、胡问国、胡绪洲、李德修、李必海、唐懋杰、陈中轩、林作权、熊烨、兰德春、朱念麟等。他们的专业水平一流，授课多用启发式教学且生动形象，听他们的课是一种享受，在其指导下做实验是一种荣幸。我们是省内各中学的尖子生，其中，担任过班长、学习委员的占全年级总数的三分之二，使祖国富强是我们义不容辞的责任。所以我们抓紧时间刻苦学习，星期天教室都坐满人。晚上十点熄灯后，有的同学还把宿舍的方桌搬到路灯下，上面再放一张椅子，坐在椅子上看书，真可谓拼命三郎。对考试成绩大家也很在乎，记得一位同学的“普通物理”就因为得3分（当时是5分制，3分是及格），便哭了一中午。

第三张照片、第四张照片是1965年龙潭农场劳动之余所照。二年级时，我们的政治辅导员换成两位。第三张照片中第一排右一是一班政治辅导员佘兆铭老师（后任省物理学会理事长），第二排左一是二班政治辅导员田子华老师（后任物理系党总支书记、系主任、校党委委员），他们和我们同吃同住同劳动。在校时，我们在三个农场（内、外、龙潭）劳动过。内、外农场在校内，每周劳动一天；龙潭农场较远，一学期劳动一个月。劳动内容主要是养猪、种菜、种（收）水稻等。

劳动使我们体会到吃的、穿的来之不易。大家养成了爱劳动的习惯。

照片3　1965年龙潭农场劳动之余合影。

照片4　物理系1963级女同学的合影。

同时，劳动和学习造就了我们不怕脏、不怕累、不怕艰难困苦的意志品质。通过上课、自习（复习、做作业）、实验课、考试这些教学环节的严格训练，我们掌握了基本理论知识和基本的实验技能，具备了较强的逻辑思维能力，并养成了读书的习惯。更重要的是从中学会了发现问题和解决问题的方法。1968年，我们毕业走上工作岗位后，每个人的工作虽然不同，但都干得很出色。第四张照片是我们年级女生（有3人请假）的合影。工作后照片中的11人全都具有高级职称，其中4人是教授。这说明我们年级的女生是优秀的，男生也同样优秀。其实，大家都是国家和学校培养出来的高素质人才。我们用实际行动践行着学校爱因斯坦浮雕上的格言："对真理和知识的追求并为之奋斗是人的最高品质。"在云大物理系读书的经历奠定了我们走上工作岗位后为国家和人民做贡献的坚实基础。现在我国多个领域的科学技术水平已经在世界上领先，经济总量已位居世界第二。我们可以自豪地说："我们也为此奋斗过，贡献过。"

感谢伟大的祖国，感谢亲爱的母校！感谢花了大量心血培养教导过我们的母校的老师们！

（本文是在多位同学共同回忆下完成的，在此表示衷心的感谢！由于时间太久，给我们授过课的老师难免会有疏漏，敬请原谅。）

天　缘
——《小河淌水》与会泽院

颜洪恩

“月亮出来亮汪汪，月亮出来照半坡……”

1953年，黄虹参加北京全国民族歌舞会演时，以婉转悦耳的歌喉演唱了这首弥渡民歌，歌声未落，台下已响起了雷鸣般的掌声。接着，她又在布达佩斯世界青年联欢节上唱了这首歌，联欢节也为之沸腾。在那优美的旋律中，美丽的景色仿佛在我们眼前展开：小河潺潺流淌在身边，半坡上的恋人在深情凝望……之后，世界著名艺术家时乐蒙又把它改编成交响乐，由解放军总政文工团在许多国家演出，《小河淌水》由此走向世界。

现在，听着《小河淌水》那优美的旋律，我情不自禁地想起尹宜公，想起会泽院。

在上世纪四十年代著名的“一二·一”运动之后，云大南风合唱团《教唱歌》首次刊发赵华（尹宜公）谱曲的弥渡民歌《小河淌水》。而会泽院是《小河淌水》的诞生地，它的气氛以及它蕴含的文化韵味给了尹宜公创作的灵感。后来尹宜公在回忆《小河淌水》的创作过程时也说：“在一个月明风清的夜晚，我在会泽院前的阳台上散步，忽然间涌发出一种创作的冲动，心中的旋律不可遏制地飘出……我先把回忆中最打动我的旋律整理出来，把原来第一句的节拍重复一遍成对唱，但哼了几句，感到虽然优美，但却显得单调平淡，便把第二遍重复时的第一小节的节拍稍加修

刚建成不久的会泽院，两旁树木尚未成林。

改，这样就能反映变化起伏和深沉的激情……”从某种程度上可以说，没有会泽院，就没有《小河淌水》。

《小河淌水》唱响后，大理的弥渡声名鹊起，但因为复杂的历史原因，《小河淌水》的著作权也引来争议，几经波折，国家版权局终于于

2006年4月认定《小河淌水》版权属尹宜公。2006年9月，大理州政府新闻办召开新闻发布会，弥渡县委宣传部部长说，这首歌在弥渡唱了半个多世纪，然而自2000年以来，关于这首民歌的著作权出现了争议，所有弥渡人都关心它的归属，经过6年的努力，《小河淌水》又回到弥渡人的怀抱，著作权回到了尹宜公手里。这是尹宜公的幸事，也是弥渡人民的幸事。

庄重的会泽院也在《小河淌水》的优美旋律中清晰地浮现在我的脑海里，思绪回到了过去。1963年10月，阿尔及利亚国宾在时任国务院副总理兼外交部长陈毅的陪同下，千里迢迢来访云大，考察了会泽院的历史、建筑风格，为会泽院的魅力所吸引。的确，会泽院是一个充满文化韵味的殿堂，这里承载着云大深厚的文化底蕴。1923年4月20日举行会泽院奠基仪式暨东陆大学开学典礼，董泽校长发表讲话：东陆大学非一人所有，更非云南的、中国的，实世界的。可以说，董泽校长的讲话蕴含着云大精神中那种开阔大气的品质。从会泽院的奠基开始，新生的云南大学经历岁月的风雨，筚路蓝缕，拉开了云南高等教育的大幕，并取得了累累硕果。

1957年，我们几个北京外国语学院的毕业生来云大报到，报到的地点就在会泽院。云大外语教研组设在会泽院三楼，充满活力的六个北外毕业生也在会泽院授课，会泽院是我们“千教万教教人求真，千学万学学做真人”的教书生涯的起步线！笔者对尹宜公倍感亲切，因为尹宜公是笔者上峨山中学时的班主任，他教我读书、习文并传授革命道理。《小河淌水》与会泽院有缘，笔者、尹宜公也有缘于会泽院。

（原文载《云南大学报》第1024期）

云南大学历史系1964届同学毕业留念

冯存英

这张毕业照已收藏了五十多年。看到这张影像至今仍非常清楚的照片，我的心绪又回到了五十多年前。

1964年7月拍的云南大学历史系1960级学生的毕业照。

我们班共有58名学生。1960年入学，1964年7月毕业。在云南大学学习的四年，正是高治国在云南大学担任党委书记的四年，李广田担任校长，学校认真贯彻党的教育方针，特别强调要以教学为中心，狠抓校风校纪，狠抓教学质量，广泛调动全体教师的积极性，使学校的教学秩序得以很快恢复，教师、学生教与学的积极性都很高。我们班的同学除10名华侨学生（来自印尼和柬埔寨）外，其余学生都来自地（州）、县，大家都非常珍惜上大学的机会，认真学习、遵守纪律，在当时缺乏教材的情况下，作为文科学生，只有靠课堂上记笔记，课后多复习以及多阅读老师布置的参考书籍以增长专业知识。在校四年，老师们不仅教给我们历史知识，还教给我们做学问的方法。

四年的学习生活很快就过去了，但与老师们的情谊却与日俱增。1964年7月拍毕业照时，不仅全系的教师、系领导参加合影，就连学校的校长李广田、副校长寸树声也来参加合影。我们班58名毕业生，8名留校，6名分配到北京，其余36人都分配到省里的厅、局工作。我被分配到共青团云南省委工作，后于1975年调回母校——云南大学，先后在人事处、离退休工作处工作，于2002年退休。我们班现在还有51人，我们曾在云大校庆时多次聚会，同学间的情谊始终保持如初。

几十年来，老师们对我们的辛苦付出，老师们的音容笑貌一直存留在我们的记忆中，永远难忘。

校园里的合影

冯存英

这张照片保留至今已五十多年了。看到照片中我穿的那条浅色的布裤子，我好像立刻回到了从前。1960年进大学时，我国正处于三年困难时期，工农业生产受到极大的影响，国内物资紧缺、供应紧张。当时国家为保证广大人民群众的基本生活，采取按城镇居民户口发放各种票证的办法，以保障定量供给，如发布票、粮票、肉票、糕点票、豆腐票等。当时党中央号召全党全民“勤俭节约，艰苦奋斗”，“克服困难，渡过难关”。在穿着方面，提倡“新三年，旧三年，缝缝补补又三年”。当时在校园里穿补丁衣服的同学也不少。我因麻痹大意，入学不久，就被小偷偷走了晒在宿舍外面的衣服，急需增加一条裤子。而1961年每人只发了1尺5寸布票，在这样的情况下，同学们还是为我凑足了布票，让我缝了照片中穿在身上的那条裤子。同学们对我的关心，使我很受感动，至今难忘。这说的是最困难的1960年至1961年的情况。后来由于我们国家采取了“调整、巩固、充实、提高”的八字方针，再加上全国人民齐心合力，共同努力，从1962年下半年开始，我国的经济状况就在不断地恢复，终于战胜了暂时的经济困难，到1964年我们毕业时，情况就大不一样了。经济一年比一年好，人民生活水平不断得到提高。

我和李莲春（左）是1960年入学的云南大学历史系历史专业的同班同学，1964年毕业前夕，相约在校园里留下了这张合影。

旧照片·系青春

林如家

这两张照片是当年云南大学文工团的全体团员和全体干部于1963年五四青年节在云大会泽院前的合影。

二十世纪六十年代，云南大学学生会文娱部下设文工团，文工团由歌

1963年，云大文工团全体团员合影。

1963年，云大文工团全体干部合影。文工团团长是陈琳（二排左一），林如家（一排左五）、史少青（一排左六）为歌队队长。

队、舞队、乐队构成，团员约有一百人。这些团员由各系喜爱文艺的同学组成。当然，进文工团的同学也要经过考核才能进团，例如，进歌队的同学要先考核音色、音域、音准、节奏及识谱能力等。

歌队当时演唱的主要内容为：第一，歌颂社会主义祖国和人民，歌唱中国共产党，歌唱社会主义建设新面貌与新生活的歌曲。第二，中国抗日战争时期、解放战争时期的革命歌曲。第三，苏联及世界社会主义国家的歌曲。第四，世界经典的艺术歌曲。第五，云大校园歌曲。

文工团各队每天下午（周日除外）四点半到六点就在学校大礼堂（现东陆校区庆来堂）进行认真排练。而当元旦、国庆、五四青年节、迎新（迎接新同学）、送旧（欢送毕业生）联欢会来临，就由三个队联合同台演出。这些文娱活动为当时学校师生的精神文化生活增添了青春活力，带来了快乐和美的享受，至今回想起来还颇有感慨。

现本人已退休，仍老有所乐，一直参加学校离退休工作处组织的云大教授合唱团、云大教职工合唱团的活动，担任一些编排、指挥工作。但愿我们这一代人越活越有幸福感，能亲眼见证我们的国家实现中国梦。

云大钟声响彻云霄

颜洪恩

当，当当，当，当当，当，当当……这是云南大学“文化大革命”前敲响的上课钟声；当，当，当，当，当，当……这是云南大学“文化大革命”前敲响的下课钟声。这两种钟声在云大方圆两平方公里的范围内，清晰可辨。

巍然屹立的云大钟楼，钟声悠扬而洪亮。

“当，当当，当，当当，当，当当”，云大男生腋下夹着课本奔向会泽院，左手搂着书的女生也接踵而至……“当，当，当，当，当，当”，莘莘学子喜获丰收，陆续离开教室。教授总是在学生到之前到位，往往是在学生之后才离开教室，或继续指导个别学生，释难解疑。

“当，当，当，当，当，当”的钟声在东陆园上空萦绕。它是上课还是下课钟声，两位同学争执开来：“现在是8:50，是下课钟声。”“不，现在是9:00，是上课的钟声！”“你的表慢了！”“你的表快了！”谁也不服输。

“当，当，当，当，当，当”，云大钟声在翠湖回荡，两位看海鸥的银发老人也为是上课钟声还是下课钟声发生争执。

六十年代调离云大的几位老云大，回云大参加校史编撰座谈会的途中，耳闻“当，当，当，当，当，当”时，也为它是上课钟声还是下课钟声发生争执。

文革前，“当，当，当，当，当，当”是下课的钟声，“当，当当，当，当当，当，当当”是上课的钟声，异口同声，无须争执。

云大钟楼高20米，共7层。五十年代初，为解决物理馆、生物馆、化学馆三馆的用水问题，在原云大民主广场升旗台的位置上修建了水塔，塔的顶层挂着一只废弃的氧气瓶当钟敲，马师傅坐镇水塔的最高层，每天准时无误地敲响上课和下课的云大钟声，师生上下课都能听到水塔顶上清脆的钟声，云大钟声被认为是云大之声！

云大钟声是云大“会泽百家，至公天下”精神的载体之一，云大钟声响亮，象征着云大学子一批批登上会泽院九十五级台阶，又一批批走出“腾蛟”“起凤”的校门。

云大“会泽百家，至公天下”的精神永驻！

“当，当当，当，当当，当，当当”“当，当，当，当，当，当”，云大上下课的钟声永远在东陆园上空萦绕！

（原文载《云南大学报》总936期，刘兴育教授提供照片）

怀周楼留影

何作诗

此照片是我校物理系60级四小班全体同学一年级时在当时新建图书馆左前方的合影，摄于1961年7月20日。我（照片中站在第三级台阶右边的第二人）是该班同学之一。

云大物理系60级四小班学生一年级时在怀周楼（原图书馆）前合影。

在新图书馆建成前，我校原图书资料的馆藏及其使用设施都比较简陋，与当时学校的教学和科研的需要不相适应。建成的新馆有丰富的馆藏图书资料、种类齐全的期刊、多个明亮而宽敞的阅览室，冬暖夏凉且很安静，是我校师生读书学习、查找资料的好地方。

自1958年后，我校学生人数增加过快，教室显得不足，各系同学均没有专门的课后小班自习教室。因此新馆投入使用后，它成了大多数同学课后自习的重要场所，各阅览室以及各系资料室上班时间往往坐满了人，来得稍晚的同学都难以找到座位。回想起来，我在大二、大三直到大四期间，课后所有自习以及晚自习时间基本上都是在这个馆中度过的。正是在这图书馆养成的良好的学习习惯和风气使我终身受益。为此，不仅在学生时期，甚至毕业后留校工作至今，我对这个图书馆都怀有感激之情。

虽然50多年过去了，今天一见到此照片，我脑海中立即浮现出当年与其相关的一些事情。1960年底到1961年春，该图书馆建设进入收尾阶段。我们小班的同学曾几次参加了图书馆现场劳动，最后还参与馆内各大阅览室地面的打磨。有一次为解决建馆急用，我和小班的十多位同学被派到篆塘海运码头拉水泥。我们推着一车水泥回到西站再沿着环城北路（现在的一二·一大街）向东行经三家巷快到我校东后门时，因有一段下坡路，载满水泥的车较重，车速过快又没有专门的刹车装置，尽管前面拉车的同学用力向后撑，两边及后面推车的同学使力向后拖都无法控制住车速及其方向，最后水泥车撞到了路南边的一棵大的洋草果树上，幸好前面同学没有一个受伤。这极其惊险的场面，至今仍历历在目，终生难忘。

照片中的同学们毕业后都走上各自的工作岗位，现在有的已过世，有不少同学自离校后就未曾谋面。唯借此照片，表达我对同学们的深情怀念！

心中的向泽馆

何作诗

文中照片是我和家人在向泽馆前的合影，摄于1977年春天。当时我住在向泽馆（照片中正门东边第三个窗口的那间及其对面的那小间，面积约20平方米）。记得那是一个星期天，推着单车全家人出去走走。照片上左边第一人是我爱人，右边推车者就是我，坐在单车后边的是大儿子（刚满五岁），坐在前面的是小儿子（刚满一岁），两个儿子都是搬到这里后才出生的。说来见笑，照片中的这张单车算是当时家中最值钱的东西了。

我自毕业后留校工作直到退休，学校分住房我共搬了八次家。1971年4月，校工军宣队在全校统一分房，我和政治系的13户教职工被分在向泽馆（有两户原来就住这里），这是我在云大的第五次搬家。

“文化大革命”结束后，为改善住宿条件，学校先后在东一院、东二院、北院和西院新盖了二十多幢住宅楼。和我同时搬进向泽馆的住户，除两户调离学校搬走，一户老教师去世交回住房外，先后有9户分期分得新房而搬走。只剩下我因工龄短，等到1988年7月分得东一院14幢一套新居才搬走，最终告别了已住长达17年之久的向泽馆。这是我在云大的第六次搬家。这时大儿子已读完高中一年级，小儿子也小学毕业了。

这里不得不提，也不可否认的是，向泽馆是云大最早最老的教职工住宅之一。一方面，在当时分房时，这里（尤其是它的靠近东宿舍的东半部分）的住宿条件简陋、阴暗而潮湿，给住户的生活及其工作带来诸多不

1977年，何作诗和家人在向泽馆前的合影。

便和困难，因而是大多数人都不愿住的地方。然而，另一方面，因独特的地理位置、周围环境及其过去的经历，使它承载着厚重的历史、丰富的文化底蕴及其宝贵的人文精神和传统。这里曾住过像我国著名物理学家、中科院院士、我国“两弹一星”元勋彭桓武；著名历史学家、教育家马曜等知名的学者、教授和社会名流。正是这种特有的难得的氛围、软环境，无形地影响着住在这里的我和两个孩子，使我们终身受益。虽然它后来被拆除，在人们的视线中永远消失，但它在我和两个孩子的脑海中所留下的记忆和感受是极其深刻的，永远不可磨灭，是值得我们永远怀念的。

当年照片上的两个小孩现已长大成才。小儿子在国内读完清华大学的本科、硕士研究生后，又出国深造获得美国的计算机工程博士学位，现在供职于一家美国公司。2008年夏天，他带着大女儿（4岁多）第一次回国探亲，到家后刚倒完时差就领着女儿到校内游览，首先看的地方就是他儿童时代住过的向泽馆旧址。虽然当年的房屋已拆，但窗前的几棵柏树还在，只不过这些树也像他逐渐成长那样，比过去长得更加粗壮挺拔。

2013年夏天，小儿子带着大女儿和还未回过国的小女儿（6岁半）第二次回国探亲。同样到家后刚倒完时差，就领两个女儿到校内游览。首先来的仍是这个地方。我不知道这两次旧地重游时他的心情及其感受，但有两点是很清楚的：其一就是他对童年时代曾住过的向泽馆及其周围的一草一木、一砖一瓦、各种年久的建筑物，始终都充满着无法用言语表达的深深的爱以及难以忘却的怀念和感激之情；其二，就是使两个女儿从小就知道并永不忘记“这里是爸爸小时候住过的地方”。我想这也是他对下一代教育的用心良苦之处吧！

青春的记忆

尹于槐

每排师生从左到右记录如下：

一排　教师杨堃　系党总支书记西競强　校党委书记高治国
副书记袁光　校长李广田　副校长寸树声
教师江应樑　方国瑜　系主任张德光

二排　教师：董孟雄　方德昭　韩继宇　张家林　李维衡
马开樑　杨祯元　陈启曾

三排　教师：张尚谦　章　峰　尤　中　丁宝珠　赵瑞芳
同学：钱宗碧　高素芳　陈玉兰　赵太凤　尹于槐
童树人　孙开泰

四排　教师：刘西芳　马忠民　熊锡元
同学：唐吉利　张　仲　王继隆　余大富　和煜明
贺炳南　张厚瑾　郑永长　蒲治华　张立群

五排　教师：黎家斌　黄　耆　武希辕
同学：何世受　马恩奇　曾道成　黎炳南　刘志联
张金矿　郭木安　田　厚　谢守信　邓元清

六排　同学：钟　仑
教师：谢本书
同学：晏育君　黄国铭　姚洪卓　朱福强　李开禧

黄宗林　徐昌平　黄家文　蔺国华　吴国全

七排　同学：马朝元　李方永　陈庆福　孟永明　刘自成

张家德　郎朝庆　曹嘉乾　角德敏　罗吉义

李泽奉　黄纪林　陈志强　金　玠

参加照相的校领导和教师29人，参加照相的同学52人，未参加照相的同学8人：何辉志、陈月慧、谭奇伦、李兴民、邢和清、施奇才、杨学清、赵银汉。

云南大学历史系历史专业59级同学毕业留影，1963年7月22日照，2004年12月1日重洗。

心境的真情表露
——一张旧照引起的回忆

陈旭光

这是我家搬迁到学校东一院七栋201号新居一周年和夫人在客厅拍的黑白纪念照。时间定格在1983年2月14日，距今已有30多年了。照片上的那张沙发，是大儿子大学毕业参加工作后，第一次拿到工资为家里添置的。

1983年2月14日，陈旭光与夫人祝英（左）在云大东一院家中合影。

1984年秋季，经济系学生举行迎新晚会。（左一为陈旭光）

上世纪八十年代，正值我国改革开放，那时经济大发展，物价稳定，各方面都呈现一片欣欣向荣的景象。就学校来讲，教学和科研步入了正常发展的轨道，这一时期也是我任教的经济系发展较快的时期。1989年我被任命为经济系副主任，分管教学和科研工作。我们班子成员之间配合默契，全系师生教、学积极性空前高涨，大家心情舒畅，精神面貌焕然一新（这里附上1984年秋季开学后经济系师生迎新晚会的黑白照片一张，照片中左起第一人是作者本人，第三人是时任总支书记的赵荣）。此外，这一时期学校对教职工居住条件的改善也采取了一些切实措施。八十年代初在东门外农场的一片土地上，新建起好几栋水泥大板结构的教职工住宅楼，我是第一批分到新建住房的教师。住房面积六十多平方米，三室一厅，与七十年代的住房条件相比，真是不可同年而语了。

七十年代，我家在青云街的住房条件是非常差的。1973年，掌管云大的工军宣队，为了便于对学校进行所谓军事化管理，对一部分教职工做了一次大的搬迁调整，当时我家也在被搬迁调整之列。记得共有八家人，被调迁到青云街71号，中华人民共和国成立前属省政府财政厅厅长陆崇仁所有的一所老旧四合院内。因我在“文化大革命”中身处逆境，工军宣队给我定的错案未得到平反，八家人中分给我的住房是四合院中最差的。我们一家祖孙三代六口，只能住在不足三十平方米的楼下两小间居室中，这一住就是六七年。

1976年，“四人帮”被粉碎，宣告了“文化大革命”“十年浩劫”的终结。十一届三中全会后拨乱反正，“四人帮”制造的大量冤假错案得到了平反昭雪，云大工军宣队强加于我的错案得到了彻底的平反，夫人所在单位曾因我的株连给予她的处分也得到纠正。今天回头审视三十年前保存下来的旧照，真是感慨万分。我们脸上所流露出的笑容，可以说是对现实生活的一种喜悦和感慨，是美好心境的自然流露，它真实地见证了一个家庭，一个国家和一个时代的沧桑巨变。随着岁月的流逝，三十多年后的今天，我们已经步入耄耋之年，这是人生旅途的一种必然。俗话说“人生八十无所求”，如果说个人还有什么所求和梦想的话，那就是希望健康地看到国家全面建成小康那天的到来，看到党的100周年大庆那天的到来，实现祖国和平统一那天的到来。

一路同行

曹南生

这两张黑白老照片是20世纪60年代末和70年代初在校本部老化学系和银杏道之间的路口边拍的，那时我们夫妇俩四十多岁。眨眼间四十多年过去了，时间真如白驹过隙。

我俩由年青时代走过来，一路坎坷，历尽艰辛，但对工作一直尽职尽责，努力为人民服务，完成了使命，看着旧照心情无限欣慰！

以上两张照片是60年代末和70年代初曹南生和丈夫李雄臻在校本部老化学系和银杏道之间的路口边的留影。

第三张是80年代初拍的。当时昆明一连下了三天大雪，据说春城昆明几十年都没有遇到过这么大的雪。尽管漫

20世纪80年代初，曹南生和老伴在校园内老四合院留影。

天飞雪，但似乎不觉得冷，许多人在雪地里玩耍，打雪仗、堆雪人。校园里到处被皑皑白雪覆盖着，显得格外素净美丽。我俩兴致勃勃，赶在大雪融化前在原来的老四合院拍下了这张照片，留作美好的回忆。

我的青春岁月

李滇芳

这是20世纪70年代我在校本部化学楼前拍的照片。当时正值阳春时节，樱花、海棠竞相开放，旁边的银杏树也新叶初绿，格外美丽，让人留恋。这张照片，定格了校园的春景，也定格了我的青春岁月。

20世纪70年代我在东陆校区化学楼前留影。

分而不散的云大“七七级微专班”

吴兆录

1978年3月，云南大学生物系招收了一个微生物专业班。东陆园的四合院1栋102教室就是这些同学的“家”。书包、饭盒、水壶都放在教室里，同学们一星期轮换一次，负责清早开门、深夜锁门，小班课、自习课都是老师到这个教室给学生授课、辅导。由于当时刚刚恢复高考，同学之间背景差异巨大，有的已为人父，有的仅仅十五六岁，有的已经工作多年，有的却高中还没毕业。但是，在这个班级，大的似哥姐，小的像弟妹，大家互相帮助、共同学习、共同成长。

那个时候的大学生，有劳动课。图①是1979年春劳动课课间的合影。难得的户外活动，同学中的一名“高干”子女拿着家长的120海鸥牌照相机来娱乐一下。照相是件奢侈的事，同学们趁着中午休息，放下工具，洗去汗水泥土，收拾一番，来到至公堂后面的图书馆前，规规矩矩地留下了这张合影。图②是到团结乡的校办龙潭农场劳动时的用餐场景，大家着衣朴素、餐具简陋，但心情欢快。图③是钱澄宇老师的植物学课间。当时的实验条件很差，但同学的学习热情很高，很认真，照片里的同学，如今都成为教授了。

后来，云大缺乏办学条件，撤销了微生物专业，同学们被分散并入到植物学专业、动物学专业。但是，32位同学以“七七级微专班”为称号，依旧聚在一起。户外识别动植物和观察生态现象，是生物系学生的重要学

图① 1979年春，劳动课课间的合影。

习内容。图④是区普定老师植物生态学实习课程的场景。在户外，老师讲、同学记，还做成小标本带回教室反复辨识。一段时间下来，无论是男生女生，无论是来自城市乡村，同学们的户外物种识别能力都非常高。

大学是培养人才的阵地。云大“七七级微专班”可谓人才的摇篮。2017年，毕业35年后，全班32位同学，除2人英年早逝外，13人成为教授或

图② 在团结乡的校办龙潭农场劳动时的用餐场景。

图③ 钱澄宇老师的植物学课间场景。

图④　区普定老师植物生态学实习课程的场景。

图⑤ 同学们返回母校聚会，畅谈过去，展望未来。

图⑥ 微专班同学得知老班长季维智（二排右八）2017年成为中国科学院院士，再次聚会。其乐融融，亲如一家。

图⑦ 同学们极为关心母校的发展，因而集体到呈贡新校区，在生命科学学院的院子里，种下常青树。

研究员，10人定居北美，1人成为院士。近期同学们返回母校聚会，畅谈过去，展望未来（图⑤、图⑥），曰："适逢阳春，风暖大地，曙光普照。入东陆深院，城乡弟子，骨瘦衣单，志远心高。同窗互助，博览群书，风吹雨淋不动摇。学有成，登学术讲台，彰显风骚！"同时，同学们极为关心母校的发展，因而集体到呈贡新校区，在生命科学学院的院子里，种下了常青树（图⑦），寄希望于后来者：学知识长能力，报效祖国。

半个世纪的情谊

方应祥

方国瑜教授看望恩师陈垣先生留影。20世纪70年代末摄于陈老寓所前。（陈老曾任北京师范大学校长、全国人大常委）

方国瑜先生的最后一次学术报告

方应祥

1983年校庆六十周年历史学科学术报告会留影。方国瑜教授生前的最后一次学术报告。

会泽百家 至公天下

字斟句酌

方应祥

方国瑜教授和云南地方史研究室的同仁在修改书稿。摄于1983年。左起郑志惠、徐文德、林超民、方国瑜、木芹。

两张珍贵老照片背后的故事

陈炳锋

光阴荏苒，日月如梭，转眼我已经是古稀之年的老人了！今年在我生日之际，心中无比感慨，信手翻阅了我的影集，两张珍藏多年的老照片，让我陷入了久久的沉思，那些尘封的云大记忆，再次浮现在我的眼前……

1954年我从越南华侨中学高中毕业。自新中国成立以来，我们海外赤子朝思暮想，希望回到祖国怀抱继续深造。1955年为了回国求学，我毅然抛弃了优裕的家庭生活，辞别了亲爱的父母兄弟姐妹，克服了重重困难，义无反顾只身回到祖国的怀抱。回国后，我被安排在北京华侨补习学校，在这里复习和补习，为考大学做准备。

1958年，正当我准备高考时，“大跃进”的号角吹响，我们北京华侨补习学校有3000多名来自几十个国家的归侨青年，其中351名同学积极响应祖国“上山下乡，当第一代有文化的农民”的号召，惜别华侨补校，到农村做第一代有文化的农民。我和一部分同学被分配到云南西双版纳国营曼勉农场支边。

1959年仲夏，在党和国家的关怀下，根据中侨委的指示和安排，我们这批归侨青年可以到昆明集中补习，准备参加高考。这是多么激动人心啊！经过认真备考，1959年9月，我终于考上了云南大学物理系。当我佩戴着“云南大学”的校徽，踏入云大校门的时候，看到一级级台阶直通雄

1961年陈炳锋摄于云南大学会泽院前。

伟、高大的会泽院，云南最高学府呈现在我的面前，当时的我心情无比激动，这是我人生的一大幸事！一位华侨同学为我拍下了我在云南大学校门口的照片！当年的我是多么年轻，意气风发！

四年的大学学习生活，特别令人难忘的是，我有幸能直接聆听当年一批国内知名的、非常权威的物理学教授授课，这不得不说是我人生的又一大幸事！他们是系主任（后来是云南大学副校长）杨桂宫教授、张永立教授、顾建中教授、王仲永教授、唐懋荧教授、简而智教授、冯竞教授、王光诚教授等。他们治学严谨，诲人不倦的精神令同学们终身受益，他们把坚实的理论基础和丰富的学科前沿知识传授给学生，为同学们今后的工作奠定了良好的基础。虽然这些教授都已离我们而去，但是，他们永远值得我们尊敬和怀念！特别值得一提的是，我珍藏了一张我大学毕业时我们云南大学物理系原子核物理专业学生1963年毕业时和这些教授的合影。如今看到这张照片，倍感珍贵！

1963年我大学毕业后，服从分配，到祖国最需要的地方去！我先后在山西太原化工部太原化工研究所、四川泸州化工部西南化工研究院工作。一干就是几十年，为祖国做出了我应有的贡献。祖国的黄土高原和巴蜀大地，都留下了我的足迹。

1984年我调到云南省电子计算中心，1995年10月退休。2005年，云南省电子计算中心并入云南大学，我再次回到了母校的怀抱。对我来说，人

大学毕业时，陈炳锋与云南大学物理系原子核物理专业1963届毕业的同学及教授们的合影。

生的工作经历就是一个闭合曲线。云南大学是这条闭合曲线上重要的一个节点，我从这里起飞，最终又回到母校，这是做梦都难以料到的好事，可是，我遇上了，这不能不说是我人生的第三大幸事！

我衷心地感谢母校给予我们的教诲，并深情地祝愿母校的明天更美好！

一个无愧于母校的班级

李从宗

云大中文系一九五五级，是中华人民共和国成立后在党的哺育和培养下成长起来的大学生。全班五十多人，当时是中文系人数最多的班级。学生来自云南、四川、贵州三省，其中有应届高中毕业生，有从党政机关输送来的干部，也有从部队来的复员军人。虽然经历各不相同，年龄大小不一，但相处得极为融洽。大家都有一个共同愿望：努力学习，将来做建设祖国的栋梁之材。

从1955年入校到1959年毕业，我们四年的大学生活，是在不平静的政治风浪中度过的。1956年的农业社会主义改造，1957年的“反右”扩大化，1958年的生产“大跃进”，都使这个班级经受了不同程度的锻炼和考验。有的学生“反右”时被错划为右派，在人生道路上遭受重大挫折。然而，尽管经受过政治风浪的颠簸，这个班级仍保持着浓厚且良好的学习风气。每天早上，住在映秋院的同学，听到钟楼上响起的钟声便迅速起床，以小组为单位，排队跑步或做其他运动。吃完早餐后，便到会泽院的教室里去听课。下午和晚上，则在至公堂自习。当时大家都在暗暗较劲，看谁读的书多，谁的知识渊博，谁的考分优秀，谁先入团入党。除了课堂学习外，还参加了丰富多彩的文娱活动，演出大型话剧《阿Q正传》和《夜店》，还演唱印度电影《两亩地》主题歌，夺得全校文艺演出一等奖。

四年的大学生活，转眼间就结束了，接下来便是毕业分配。当时大家觉得，是国家供我们读的大学，因此，应当服从分配，到祖国最需要的地方去。于是，有的同学分配到了北京，有的同学分配到贵州，支援贵州建设。留在云南的，有的到机关工作，有的留校任教，也有不少到专县中学教书。不论到哪里，大家都奋发努力，自强不息，认真干好自己的工作。

云大中文系1955级学生毕业合影。学生中间有刘尧民系主任，张友铭、黄鉞、郑谦、周文煜诸位老师。

时光荏苒，经历了“文化大革命”的风暴后，又到了改革开放的年月。同学们天各一方，音信隔绝了二十多年之后，有幸在校园里聚会。水塔上的钟声依然那么响亮，映秋院依然那样亲切，只是会泽院改成了办公室，至公堂也不再是阅览室了。大家彼此细细端详，发现稚气与纯真已经褪去，人到中年，变得成熟和沉稳了。想到这些，沧桑之感不禁油然而生。

中文系1955级学生毕业时摄于会泽院。

岁月匆匆，多年之后我们第二次聚会，谁也没有想到转眼间五五级同学都已垂垂老矣。自然规律如此，谁也难以抗拒。然而，回望走过的脚印，却也无愧无悔。现在，五五级的学生，果然实现了当初的心愿，成了国家的栋梁之材：有的人学术著作等身，成了某领域的权威；有的人文学创作广受欢迎，成为蜚声文坛的作

中文系1955级同学意气风发地走出学校，走向社会。

1982年，中文系1955级部分同学在毕业二十三年后再次相聚于云大。

家；有的人电视剧作频频播放，早已是剧坛宿将。当然还有一些在中学里干了一辈子的人，由于辛勤耕耘，在自己的一亩三分地上喜获丰收，成了一方名师。总而言之，我们都是从学校这座“铁打的营盘”走出来的“流水的兵”。这一生中，并未辱没母校的声誉，反倒为母校增光添彩，中文系五五级可谓是一个无愧于母校的班集体。

献给“一二·一”“一二·九”烈士

常道荣

下面是我在一九六四年写的刊登在《三好报》上的一首诗。

天边的飞雁啊，
你去了又返，
屹立的白杨啊，
你黄了又绿，
赤胆忠心的壮士啊，
如何一去不复还？
让时代的阳光，
透过这层坟土使烈士们温暖，
让征程的凯歌，
冲破坟土使烈士们欢快。
让我将这杯和平的美酒，
献在烈士的坟前。

你们的呐喊，
唤醒了千万人的灵魂。
你们的英勇，

激励着千万人走向希望的黎明。
紧握这把黄土啊，
我看清了今天，未来。
捧起这把黄土啊，
我再轻轻把你们掩埋。

听！惊雷，
看！闪电，
暴风雨要洗出一个新世界！

云南大学学生会主办的校内刊物《三好报》的全体通讯员合影，1964年摄于老云大礼堂前。后排左一为照片提供者——云南大学数学系1962级学生常道荣。《三好报》作为云大学子自己的刊物，对于宣传国内外形势，党的教育方针，特别是学生的校园生活发挥了积极的作用。

旧景依稀

秋末冬初时节，校园里的银杏大道总会迎来最璀璨的时
黄的叶片，飘飘落落。游人如织，很多人都选择用镜头
绿色。画框里，盛满了笑颜。相片定格的那一瞬间，
多少故事就此慢慢沉淀。
我校前身为始建于一九二三年的私立东陆大学。
时，董泽校长与诸位先贤，仔细斟酌后，最终选定
建成的现代大学能够传承古时之学风，发扬东亚文
中西真理融会贯通，造就专才，重振文化。
晨的阳光透过贡院屋角，照亮了校园的时
轻盈，你可以听到松柏之下书声朗朗。
岁月无声，时光飞逝。
的格局却没有抹去旧时的
郁葱葱的翠竹松柏，
当年的校园，
的辛劳和快乐

旧日校园

张世杰

云大悠闲情人坡，在旧城护城河旁。学生们常在这里晒太阳，探讨疑问，复习功课，憧憬理想……当然，也可以谈恋爱。20世纪50年代初的情人坡是采用品种优良的草籽培育出来的草坪，草厚耐踩，如一大块绿色的地毯铺在校园里，长长的草坡一直延伸到生物馆前面。馆前有两口古井，供抽水灌溉草坡用。可惜这两口古井后来被实验垃圾填塞，草坡也曾一度改种经济作物"摸摸香"。现在的草坡是后来重新铺就的，和周边的垂丝海棠一道，成为云大有名的一景——海棠映日。

这是当年会泽院的三楼露台。因为被高楼挡住了视线，如今要从这里俯览翠湖全景已不可能。而在20世纪60年代初，寸树声副校长陪同陈毅副总理在此俯览翠湖全景时有一段闲聊。陈毅："前面是什么好地方？"寸树声："是翠湖公园。"陈毅："把她划归云大就好了。"

这两个小孩舞剑的地方是老云大以前的助教宿舍——西六幢背后杂草丛生的通道。西六幢是一幢土木混合结构的两层楼房，每间房约4.8平方米。20世纪70年代，助教一家住一间。过道成炉灶区，常年堆放蜂窝煤。每到午、晚做饭时分，炊烟袅袅，极富生活气息。此地现为东陆校区第一食堂餐厅。

这是民国时期的映秋院，在今钟楼（即水塔）东北隅。这座古式建筑是当时云南名媛、国民党云南省主席龙云的夫人顾映秋捐资修建的女生宿舍。映秋院的设计者是梁思成的夫人，著名建筑师、诗人、作家林徽因。顾映秋的捐款足以建一座会泽院，但是因为当时物价飞涨，货币贬值，以致最终无法按原设计图实施工程建造计划，熊庆来校长无奈，只好命人简化设计图，建成女生宿舍。多年之后，梁思成来访，见到被简化的映秋院深感遗憾。熊庆来特地向梁思成说明原委。直到上世纪末，云大在重建映秋院时，才完全按照林徽因的设计原图建成了如今的映秋院。她在该设计中创造性地运用了一定的传统民居的手法和风格。最明显的特点是使用了非对称结构和院落组合的布局，还使用了游廊和望楼这两种中国民居中的典型要素作为该建筑的水平与垂直交通空间的构成。

在老云大体育场内，1958年“大炼钢铁”时，曾建起三座土炼铁炉。物理系的师生竟然还炼出了优质的灰口铁。这里现在一半是运动场，一半是东一院住宅区，又称昊苑。住宅区前边是土炼铁炉旧址。

这是王九龄公馆，在学校东陆校区正大门对面。20世纪70年代曾为云大幼儿园。21世纪初曾为1923餐厅，现为云南大学国家文化产业研究中心，全国特色文化产业研究院（云南基地），文化发展研究院的办公地点。

诗人校长李广田曾说："云大一定要办幼儿园！"这是20世纪70年代，云大幼儿园的刘晓文老师（左二）与师生一起读书的情景。

当年刘晓文老师排演的儿童剧《侗家娃娃弹琵琶》参演前在幼儿园整装待发的情景。

昔日化学楼

赵逸云

照片摄于1939年。这是1937级学生在被日机轰炸以后损毁的科学馆前（位于东陆校区原教务处）的合影。当年的这个科学馆同时也是化学楼，是理化系学生上课、做实验的地方，楼被炸毁后，学生们没有了学习的地方，为了不使学生们学业中断，也为了避免日机再次轰炸，造成更多的人员伤亡，云南大学决定暂时向专县山区迁移。由于地理环境的限制，学校分了很多分院，分布在专县郊区的僻静地方。理工学院的理化系就安置在嵩明马坊镇王家庙。

1944年化学系部分师生在修复后的化学楼门口合影。

1950级化学系学生（中华人民共和国成立后首批招收的大学生）在修复后的化学楼前合影。一排左起：王文路、合永恩、李儒发。二排左起：宋文骥、王家鸲。三排左四曾曼丽、右二佟玲。四排右一宋文骏。

当年的理学院

赵逸云

1937级学生在嵩明马坊镇王家庙门前的合影，当时这里是理化系学生的实验室及系办公室所在地。

2004年，尚健在的五位1937级学生重访嵩明马坊镇理学院旧址，在马坊镇王家庙门前留影。

云大风节亭

李作新

风节亭（图中右后）是云南大学著名的人文景观之一。明末崇祯十六年（1643年），贡院科考中举的明朝重臣、云南禄丰人王锡衮因母病逝而自京城回乡守制。翌年，李自成攻陷北京亡明，吴三桂投敌引清兵进入山海关。李闯王北京称帝仅40天即逃遁，明残余势力旋即涉迹南方，相继建立流亡的南明政权。1646年，为母守孝刚刚届满的王锡衮先后应避祸福州的唐王暨避祸广东的桂王所诏，倾家财、募义勇，准备勤王抗清。然时机不遇，乾坤难以逆转。此时，云南安南（今蒙自老寨区）长官司副长官沙定洲已率先驱走原坐镇昆明的黔国公沐天波，拥兵盘踞省城。王锡衮趋诏至昆，随即被沙幽禁于贡院之至公堂（即今至公堂）。沙定洲心怀叵测，为谋高官厚禄，企图用王锡衮之地位和声望为其荐引，以图攀升，遂命锡衮上疏永历王朱由榔，言“定洲忠勇，请代黔国公镇云南”云云（按：据《明史·王锡衮传》）。王锡衮以沙奸佞而拒绝与之合作，后于永历元年（1647年）5月23日被沙杀害于至公堂。同年，永历王立为皇帝，以贡院为行宫，于至公堂举行大典，“登朝视政，受百官贺。”随之谥王锡衮文毅，史称“忠节公”。

王锡衮被囚禁贡院期间，幽怨难申，常兀坐风节亭，泪对湖山（指翠湖和新华山），忧愤难平，作《风节亭恭记》，指日誓天惟报国。赋诗明

董泽时代的风节亭端立在会泽院东侧。1928年9月28日，董泽校长（穿西服者）与东陆大学第一班全体本科毕业生在贡院坡脚合影。

志，高风亮节，忠贞不二，大气浩然。王锡衮的诗如下：

兀坐风节亭，万古日月至。焚香告皇天，堕我烈皇泪。
新君飞海甸，界臣恢剿事。臣衮血性存，封疆惭大吏。
闺中弱息流，饶有须眉志。锡衮复何言，安能死魑魅。

风节亭建亭时间及原址已无考。东陆大学（云南大学前身）建校后，1925年于会泽院东侧坡头重建风节亭，同时由袁嘉穀书写了“风节亭”匾额。1940年毁于日机轰炸，后其基石亦被搬移。今日的风节亭，是1995年由云南大学校友总会、楚雄州校友分会和禄丰县政府共同出资重新修建的。揽翠海华山，拥松柏栋梁；志先贤之高风亮节，导来者之赤心为国。除袁嘉穀原书“风节亭”匾额外，亭柱上还有一副由吴家仁、周涛撰，吴家仁手书的精彩楹联：“翠柏高风昭后世，苍松劲节励来人。”

后 记

一年一岁，初冬时节，校园里的银杏大道总会迎来最璀璨的时刻。经历了几日的霜冻，满眼皆是金黄的叶片。飘飞的叶片下，游人如织。很多人都选择用镜头，来留住这美好的景色。画框里，盛满了笑颜。相片定格的那一瞬间，封存下了年青的记忆，多少故事就此慢慢沉淀。

我校前身为始建于1922年的私立东陆大学。百年前建校选址之时，董泽校长与诸位先贤仔细斟酌后，最终选定古时贡院旧址。希望建成的现代大学能够传承古时之学风，发扬东亚文化，研究西欧学术，俾中西真理融会贯通，造就专才，重振文化。百年时光匆匆而过，当清晨的阳光透过贡院屋角，照亮了校园的时候，两鬓早已如霜的我们漫步在校园里，年轻学子的朗朗书声，一如当年的你，当年的我。

岁月无声，时光飞逝。校园的模样似乎和从前不同，然而变化的格局却没有抹去旧时的记忆。凌云道上的矮墙，隔开了喧嚣的闹市，郁郁葱葱的翠竹松柏，似乎让时间停滞了。缓步走上会泽院前的台阶，仿佛当年的校园，曾经的同学都不曾老去。学生时代的意气风发，教书育人时的辛劳和快乐，慢慢回味过往，一切，似乎都没有走远。

校园里的过往，都在时光里，慢慢成为一张张老照片，一个个老故事。无论是成功时的喜悦，抑或是沉郁时的忧伤，都沉淀下来。九十六载春秋，每一代云大人都在这里留下了自己的影像，刻下自己的足迹。《老云大·旧照片的故事》让那些封存起来的云大记忆，再一次展现在人们眼前。

熊庆来校长曾说过，“夫大学之重要，不在其存在，而在其学术之生命与精神”。一代代云大人不懈的努力和奋斗，延续着云大的学术生命，饱满了云大的学术精神。让这些承载着云大历史，体现着云大精神的老故事，永远鲜活在文字里，在影像中，成为云大灵魂，代代相传。

2018年5月